新しい哲学による
資本主義の
諸問題の解決を

― 資本主義の矛盾拡大と自然環境の負荷増大への対策 ―

大阪公立大学大学院創造都市研究科非常勤講師
大阪市立大学博士（経済学）
元宝塚（造形芸術）大学大学院デザイン経営研究科教授
公認会計士・不動産鑑定士

建部好治

大阪公立大学出版会

目　次

Ⅷ. 第三者（顔の見えない）資本主義から仲間（顔の見える）協同組合主義へ
　　―証券化の功罪を超えて―

この著書を出版するにあたって

　2023年は、筆者が42歳で信託銀行を辞め個人企業として開業してから丁度50年にあたる記念すべき年である。

　自然があって人間とその社会が存在可能になっている。そうであるのに、「人間様」は知識が豊かなので、生態系のなかで一番優れている存在であると思われている。それ故、他の動物及び植物等を一段以上下に見下しているのではないか。他の動植物等が健在で初めて人間の健在も可能になるのに、そこまでの気付きが殆どないのではないか。筆者はそのような問題意識からこの著書を執筆している。

　以下に述べるそのような論考は、2019年4月以前のものである。当時はその後の変化も取り入れるつもりでいたが、「よく学び、よく働き、よく遊べ」をモットーとしていたため超繁忙で時間がなく、新しい論考をできるまでに至らなかったので、その後の重要な事項を補ったうえ、殆ど当時の論考のまま掲載することにしたものである。

　筆者は90歳を超えても杖も頼らずに一人で出張や旅をすることが可能なので、このような著書も出すことができている。その理由は、筆者が20歳頃から（出張時や旅行時も含めて）毎朝春夏秋冬を問わず起床後にパンツ一つで柔軟体操を続けていることによっていることを参考までに記載して、読者等の皆さんにも是非まねをしていただくことをお勧めしたい（多くの人達がまねをしてくだされば医療費もかなり減らすことができると考えている）。

　なお、筆者の年齢になると、数人の親しい友人が亡くなり、更に65年間も支えてくれた妻まで亡くなるので、喪失感がひとしお大きいものがある。しかし、筆者は常々「どんなに悲しいことがあっても下を向かずに上を向く」ことを説いていたから、それを自らに言い聞かせている。「長生きするということは、こういうめにあうことになる」と悟る以外に克服できないということである。

は じ め に

ローマクラブは、1972 年に『成長の限界』で、「このままイケイケの経済成長を目指すのは危険だ」と問題群を明確に示して、世界に警鐘を鳴らした。

その後 40 年余経って、ワールドウォッチ研究所の『地球白書 2013-2014』[1] は、地球システムの重要な生物物理的プロセスとして、次の九つの「地球の境界」を明示している。①気候変動、②生物多様性、③窒素とリンの循環、④成層圏のオゾン、⑤海洋の酸性化、⑥淡水の使用、⑦土地利用形態の変化、⑧大気中のエアロゾル負荷量、⑨化学汚染。そしてこれらのうち、①〜③については「既に境界を超えているであろう」としている。

つまり、「いずれにしても人類は少なくとも片足は既に崖を踏み外して、ほぼ落下しかけている」のである。

更に約 10 年（当初から約 50 年）を経て、「世界は再び今、重大な状況に」あるとして、『Come On! 目を覚まそう！』[2] が出された。そこではマサチューセッツ工科大学の若いチームの主張として「もし現在の速度が弱まらずに成長が続けば、資源の減少と重大な汚染によって世界の仕組みが究極的に崩壊するであろう」ということも記載している。

自然環境では、環境汚染や気候変動等による悪化の度合いの増進が問題化してきている。

2023 年 12 月の COP28 では、国連難民高等弁務官事務所が気候変動による環境の悪化にもっとも貢献しなかった人々がもっとも苦しむという不公正な事態を招いている……国内避難民監視センターは自然災害による避難民はアフリカを中心に 2230 万人に上った……パリ協定（温暖化対策の国際枠組み）は気温上昇を 2 度未満、できれば 1.5 度以内に抑えることを目指すが、複数の国際機関は現状の取り組みでは 2.5 度程度になると予測している[3]。

したがってここでは、最近の人間の生活と活動が困難な諸問題を引き起こしていることを取り上げ、それらに対処する新しい哲学としての「生態系主義（エコクラシィ）」を提示する。次に自然の物質代謝と人間の生活と活動に破壊的な影響をもたらした資産インフレと汚染等への対処方法を述べる。そのうえで資本

主義に代わる新しいシステムの提案を行う。

　詳細には、**第1に、米国の金融超緩和からの出口政策実施と日本の出口政策の必要性**について説明する。

　米国ではFRBが2014年10月にFOMCで、量的金融緩和第3弾（QE3）の終了（量的金融緩和による資産購入の終了）を決定した。続いてFRBは、2015年12月にゼロ金利を解除して9年半ぶりに利上げを決断し、これまで数回の利上げを行っている。しかし日本では、日銀による「追加緩和」の是非が市場の関心事項であり、金融超緩和政策からの「出口」をめぐる議論が時期尚早とされている。両国における政策の相違の理由は何か？

　したがってここでは、①リーマンショック後の金融超緩和、②日米金融政策の相違の理由、③追加すべき重要な理由（バブルの規模の差の詳細）、④日本も出口政策が必要、⑤新型コロナウイルスによる大停滞、⑥金融・財政等救済による債務の著増と出口の諸問題について考える（①から④までは日本環境共生学会の『環境共生』第34号に記載のもの）。

　第2に、インフレと利上げについて述べる。

　金融超緩和が続いているのに物価は長い間安定したままである。それ故、利率もその間低水準におかれている。最近になって米国では漸くインフレの兆しが見えたため、久しぶりにテーパリング（量的緩和の縮小）に加えて利上げが取り沙汰されている。

　したがってここでは、①先行研究としてのインフレの定義（モノの面とカネの面）及びそれらにはないヒトの面について、②前提条件としての気候変動について、③インフレと物価騰貴との相違について、④資産インフレ（ここでは特に株価算式と地価算式によりそれぞれのバブルの諸問題）について、⑤最近の動向（ここでは特にa. 金融超緩和下の一般物価安定と最低利率の持続と、b. コストプッシュ・インフレに対する利率の引き上げ）について、⑥今後の予測についてそれぞれ述べていくことにする（日本土地環境学会の『日本土地環境学会誌』第29号に記載のもの）。

　第3に、資本主義の矛盾としてのフローの景気の変動が大きいほどストックとしての資源の無駄遣いによる「資源の減少と重大な汚染」をもたらすから、a. モノの面だけではなく、b. カネの面も含めて、バブルを防ぎ変動の波を小さくし

て資源の無駄遣いを防ぐ方策を探るものとする。

日本のバブル崩壊、米国のリーマンショックに対しては、金融超緩和政策が継続される下で、それまでの資源の無駄遣いが顕在化している。

このようにフローとストックの両面で①**資本主義の矛盾が拡大**してきており、それらについて②**ピケティは『21世紀の資本』で「r＞g（資本収益率＞経済成長率）」**として説明している。その間にも③**世界的な貧困の増大**や、④**自然環境への負荷増大**の諸問題を露わにしてきている。

今日では、c.詳述していないが、さらに新型コロナウイルスの問題が大停滞をもたらしている。そして大停滞は奇しくも人間の生活と活動による自然環境への負荷増大に歯止めをかける役割を果たしているように見える。しかし、生活と活動維持のための金融・財政等による救済措置は、公私両面にわたる一層の債務の膨張をきたして、諸問題を一層複雑なものにしてしまっているのではないか。

第4に、筆者は、2006年出版の図書（『新しい企業経営と財務』清文社）で記した、自然環境問題の基本哲学としての「生態系主主義」（エコクラシィ）により行動する必要性を称え続けている。

「民主主義」の下では、人間だけの自由と平等しか視野に入らないから、人間を含めた生態系（動植物等）全体を視野に入れる、「生態系主主義」が必要な時代を迎えているのである。

したがって、ここでは、①**「民主主義」から「生態系主主義」へ**（Democracyから Eco-cracy へ）、②**経済の真の目的としての「生態系主主義（Eco-cracy）」の理念、**③**「生態系主主義（Eco-cracy）」のための共感と共理、**④**社会・自然環境の両面における不祥事件・動植物生存域の狭隘化と気候大変動への対策**につき、「人間の眼と同時に動植物等の眼（想像によるもの—以下同じ）との複眼で見る」という視点の下に説明する（①と②は『環境共生』第37号に記載のもの）。

第5に、複雑な経済現象を捉えるには、いろいろな経済理論のなかでマルクス『資本論』が最適である。そこでは経済現象のうち、フローの側面だけではなくストックの側面も**擬制資本論**として展開されている。

したがってここでは、①**株式・土地等の価格の理論的基礎がマルクス『資本論』の擬制資本論にあること**を説明し、②**マルクス『資本論』の循環過程に詳細にわたって自然環境問題を取り入れる。**

そのうえで「生態系主義」（エコクラシィ）と経済の真の目的につき敷衍する。

　第6に、資本等の循環過程について、マクロの循環過程とミクロの循環過程を取り上げる。マクロの循環過程では、名目国民総生産・総支出の説明をする。ミクロの循環過程では、個別資本・企業資本等の循環過程の各段階について詳しく説明を行う。

　第7に、資本主義の歴史は、周知のように景気変動を繰り返しながら今日に至っている。その最大のものはバブルの膨張とその崩壊である。そして、好景気が反転すると、雇用減による失業、設備の操業度低下、及び意図しない在庫の増加等が惹起され、資源の浪費と配分のゆがみをもたらし、それらの程度はバブル崩壊時には極端に大きくなって、期間も長くなる。その結果資源の浪費と配分のゆがみも極端に大きくなる。

　したがってここでは、①自然環境の基本哲学という基礎的な課題の説明をし、②不動産価格を株式価格との比較により**擬制（仮想）資本**について分かりやすく解説をし、③基礎となる事業用・居住用不動産購入財源としての粗付加価値の説明を加えたうえ、④**株式価格の算式**の説明をし、⑤事業用不動産価格と居住用不動産価格につき④の有名な PER（株価収益率）の算式から、それぞれ**不動産価格の本質につながる同様の算式としての PPR と PDR** を導き、⑥前者については不動産価額返済資源率 PPR（事業用不動産期待購入可能財源率）のほか、⑦それらのまとめを記述した。さらに⑧事業用不動産価額と、⑨居住用不動産価額の、財源粗付価値と年収に対する各購入可能倍率を求めたうえ、それら全体のまとめを述べた。加えて、借入金等返済可能期間・固定比率・固定長期適合率につき、簿価ではなく時価の近似値を捉えて、これまでの3回の地価上昇とそれらの事前（ただし岩戸景気期前の数値は入手できなかったのでその期を除く）の動向を知ることにより、今後のバブルの回避に資することとしたい（②から⑥までは『日本土地環境学会誌』第 27 号に記載のもの）。

　哲学には色即是空 空即是色という言葉がある。これは『般若心経』中の文句であり、物質的現象というものは、すべて実体がないということであり、実体がないということは物質的現象であるということになる。それ故ここでは、空（無）ではなく色（実体）に問題があることを述べている（**擬制（仮想）資本の説明は空と色の関連を述べているものである**）。

　第8に、資本主義は、産業革命以後の約150年間に急膨張を遂げたあげくに、1929年世界大恐慌によりその矛盾を顕在化して、①グラス・スティーガル法と、②ケインズ理論等を生み出した。

　それらは資本の自由な蓄積活動を妨げるものだという新自由主義思想により、①は1999年のグラム・リーチ・ブライリー法により効力を削がれ、②は1980年前後に成立したサッチャー政権とレーガン政権等の小さな政府志向により無力化された。その結果として、①エンロン事件を招き、②リーマンショック等を惹起するに至って、漸く資本主義の限界が意識されだした（日本でも東芝事件等を惹起している）。これらはすべて「当事者相互の顔の見えない関係」に起因する。

　したがってここでは、①信用の定義と信用の基礎、②証券化のプラスの側面、③証券化のマイナスの側面、④③をカバーするシステムとしての財務諸表に対する二重責任と証券取引所のルールについて説明する。⑤④のシステムによりその「当事者相互の顔の見える関係」の破壊をカバーすることには限界があることに言及する。⑥第三者（顔の見えない相互関係にあるもの）資本主義の限界を補うものの一つとして協同組合主義の重要性を述べる（①から⑥までは（財）日本証券経済学会関西で報告したもの）。

　以上の第1から第8までのまとめとして、動植物等と共存してこそ人間も存在できるということ、詳しくは、第三者資本主義ではなく、人間を含めた生態系（動植物等）全体を視野に入れる「生態系主義」に基礎をおいて、人間の「当事者相互の顔の見える関係」を保つことのできる協同組合主義が重要であるから、協同組合が株式会社に代わって活躍の場を飛躍的に増やせるシステム作りを早急に行う必要があることを提案したい。

注

1）ワールドウォッチ研究所編『地球白書 2013-2014』ワールドウォッチジャパン 2016.12 pp.22-23、p.293。
2）エルンスト・フォン・ワイツゼッカー／アンダース・ワイクマン編著　林良嗣・野中ともよ監訳『Come On! 目を覚まそう！』明石書店 2019.12 pp.7-8。
3）「COP28で議論」『日本経済新聞』2023.12.10 付 p.7。

Ⅰ. 米国の金融超緩和からの出口政策実施と日本の出口政策の必要性

―資源の無駄遣い防止の観点を踏まえて―

1. リーマンショック後の金融超緩和

ここでリーマンショック後の金融超緩和の状況を見ておく。

世界の通貨量は、戦後国内総生産（GDP）の成長とともに成長通貨の供給として伸びてきていた。日米欧中の4中銀が市場に供給した資金量は10兆ドル超もあった。それらが新興・資源国の旺盛な資金需要により乗数的に膨らみ、世界の通貨量は40兆ドルも増加した。それにより危機前の2006年に約50兆ドルだった通貨量は、2014年には1.8倍の90兆ドルに達している。それ故、米国のほか、カナダや欧州も転換の方針を打ち出しているという（日銀の保有資産は、2007年末の111兆円から4.5倍の500兆円まで拡張している）[1]。

2. 日米金融政策の相違の理由

【日米金融政策の動向】

メットライフ生命副会長・元日銀理事の平野英治氏は、2015年6月1日に金融超緩和政策について、次のことを問題視していた[2]。

米国の連邦準備制度理事会（FRB）は、すでに国債等金融資産の大量定期購入を取りやめる「テーパリング」（量的金融緩和の縮小）を実施して政策の転換を始めている。しかし日本では、日銀による「追加緩和」の是非が市場の関心事項であり、金融超緩和政策からの「出口」をめぐる議論が時期尚早とされている。

【FRBの出口政策】

FRBは、長期金利の低下を目的としてきたから、自らは金融の量的緩和をマスメディアのいうQE（Quantitative Easing）ではなく、LSAP（Large Scale Asset Purchases）と呼んできたということである[3]。

FRBは2014年10月にFOMCで、量的金融緩和第3弾（QE3）の終了（量的金融緩和による資産購入の終了）を決定している（保有債券の償還金の再投資

は継続するとしており、FRBの4兆ドルを超える資産規模は当面、維持される）[4]。

　そういうこともあって、FRBは、2015年12月にゼロ金利を解除して9年半ぶりに利上げを決断し、図Ⅰ－1に見られるように2018年9月までに数回の利上げを行っている。利上げで長期金利が上昇すればその保有資産に含み損が生ずるおそれと景気に悪影響を及ぼすおそれがあるから、その後の追加利上げは、12月以降回数を減らすようである。他方では賃金上昇率の鈍いことにより物価が停滞しているからでもある。しかし、2018年2月にパウエル議長の就任後同年3月のFOMCでは、今後の利上げは「やや加速するのが適切だ」としていた[5]。

　貨幣供給が過剰であるのにインフレにならないのは、中国の超過剰生産能力による。

　そして当時の同議長のイエレンは、保有資産の縮小についても2017年内の比較的早期に開始するとし、それを「段階的に減らしていく」と表明していた[6]。

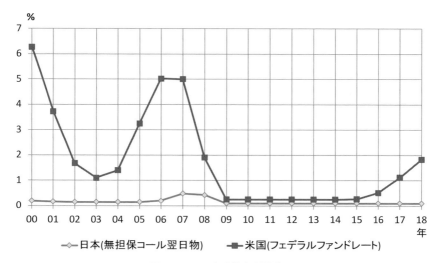

図Ⅰ－1　日米政策金利推移図

【米国金融超緩和「出口政策」の理由】

　「出口政策」の理由としては、①労働市場をめぐる判断（2017年5月には失業率が16年ぶりの水準まで低下）と、②景気回復への自信（景気拡大局面が9年目に突入）をあげていた[7]。

2018 年 12 月 19 日の FOMC では、2019 年分の利上げ回数の見通しを、景気悪化の懸念により年 3 回から 2 回に減らすとしていた[8]。しかし、年初の株安を見て、パウエル議長が市場の火消しを優先して「金融政策を柔軟に見直す」[8]と述べたので、株価はすぐに反発することができているが？

【追加すべき重要な理由ａ：バブルの規模の差】[9]

　年収又は可処分所得（可処分所得＝年収－社会保険料－税金）からの支払対象になる住宅価額について、日本のバブルのピークは、東京圏が約 4.6 倍（1979年基準＝ 100％）、大阪圏が約 3.2 倍（1981 年基準・同上）であったのに対して、米国のそれは、10 都市が約 2.3 倍、20 都市が約 2.1 倍（2000 年基準・同上）であったことによる（表Ⅰ－ 1 ～ 3）[(補 1 ～ 7)]。

表Ⅰ－ 1　東京圏（千葉）・大阪圏（吹田）住宅価額と年収推移・同倍率表

「日本」 年	住　宅　価　額				年収 c （円）	同左 （％）	a/c 倍率 （倍）	b/c 倍率 （倍）
	千葉 a （円 ％）	同左 （％）	吹田 b （円 ％）	同左 （％）				
1979	25,223,000	100	25,080,000	100	4,150,500	100	6.1	6.0
1980	28,687,000	114	28,126,000	112	4,400,900	106	6.5	6.4
1981	30,802,000	122	30,158,000	120	4,714,700	114	6.5	6.4
1983	36,880,000	146	39,508,000	158	5,310,900	128	6.9	7.4
1990　バブル	115,160,000	457	91,595,000	365	6,562,400	158	17.5	14.0
1991	100,018,000	397	68,177,000	272	6,861,400	165	14.6	9.9
2005	40,393,000	160	44,230,000	176	7,364,400	177	5.5	6.0
2006	42,384,000	168	45,320,000	181	7,409,400	179	5.7	6.1
2007	45,818,000	182	46,380,000	185	7,368,800	178	6.2	6.3
2008	44,740,000	177	45,960,000	183	7,146,400	172	6.3	6.4
2009	43,343,000	172	44,700,000	178	7,070,500	170	6.1	6.3
2010	42,744,000	169	44,030,000	176	6,744,200	162	6.3	6.5
2016	45,405,000	180	44,970,000	179	6,469,400	156	7.0	7.0
2017	46,694,000	185	45,050,000	180	6,401,000	154	7.3	7.0
2018	48,098,000	191	45,230,000	180	6,421,400	155	7.5	7.0
2019	49,591,000	197	45,390,000	181	6,362,600	153	7.8	7.1

表 I − 2　米国 S&P ケース・シラー住宅価格指数他推移表

年	10 都市 a	倍率 a/c	20 都市 b	倍率 b/c	可処分所得 c
2000	100 %	1.00 倍	100 %	1.00 倍	100 %
2005	195	1.59	179	1.46	123
2006. 7	226	1.73	207	1.58	131
2009. 5	151	1.09	140	1.01	139

表 I − 3　日米住宅価額（対年収・可処分所得）倍率推移表

年	日　本		米　国
	千　葉 a/c	吹　田 b/c	
1979	5.5 倍	倍	倍
1980	6.0		
1981	6.2	6.1	
1991	16.9	13.4	
2005	5.4	6.1	
2006	5.5	6.0	
2017			5.5

（表注）分数の符号は表 I −
　　　　1 のもの

【追加すべき重要な理由 b：相対的な金融超緩和の程度と為替相場】

　2008 年 9 月のリーマンショック時に欧米の金融政策当局は、速やかな金利の引き下げと膨大な資金の供給増（金融超緩和「入口政策」）により、金融機関の「百年に一度の危機」への対処を行った。これらに対して日銀は、金融機関の傷が欧米よりも浅いという理由で資金供給増の程度を低くしていたため、円の相対的な供給不足による円高不況を招いていた。

　しかし 2013 年 3 月に日銀総裁が代わって、資金供給増の程度を高くしたことにより、一転して円安から株高、景気好転へと漸くデフレから脱出しつつあった。

　ということは、①株価の暴落した 1990 年、地価も低落を始めた 1991 年直後の 1992 年に当時の宮沢首相が不良債権処理の必要を主張したときに、ケインズ理論に基づく財政政策だけに拘泥することなく[10]、このような思い切った金融超緩和政策をとっておれば（3. で述べるようにバブルの規模が米国と比べて大きすぎることを考慮する必要があるが）、そして②リーマンショック時に欧米と同時点で同程度の「入口政策」をとっておれば、①為替相場の円安によりもっと早く金融機関等の不良債権処理が進み、②円安の時期が早まって、日本経済はデフレからもっと速く脱出できていたといえるのではないか？[11]

　他の条件にもよるが、プラザ合意の 1985 年を始点とした図Ⅰ－2 では 2013 年以降の円安により株価が回復し、続いて名目 GDP も上向きになり、低迷していた地価も六大都市で回復期であることが分かる。

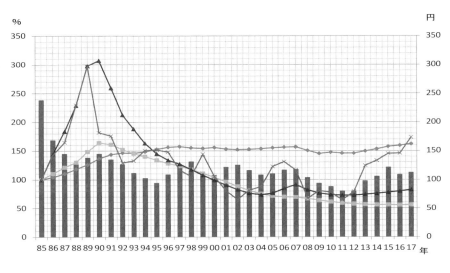

図Ⅰ－2　円相場・名目 GDP・株価・地価推移図

3．追加すべき重要な理由（バブルの規模の差の詳細）

【日本の動向】

　表Ⅰ－1～3 によると、日本では一般に住宅購入可能価額は、1979 年には東京圏で、1981 年には大阪圏で、それぞれ年収の 5.5～6 倍程度（表Ⅰ－3）であったのに、そのピーク時の 1991 年には同じく千葉の 457％への上昇により年収の約 17 倍（表Ⅰ－3）、同じく吹田の 304％への上昇により年収の約 14 倍（表Ⅰ－3）まで高騰していた。

　しかしバブル崩壊の結果として住宅価額につき 2005・2006 年には東京圏の指数が 174・176％に、大阪圏の指数が 155・154％に下落したのに対して年収は東京圏の指数が 177・179％に、大阪圏の指数が 155・157％に上昇することにより

前者の倍率が 0.85・0.88 を、後者の倍率が 0.94・0.93 を示して、両者ともほぼ適正な倍率を回復している（表Ⅰ－1：公示価格は東京圏では 2005 年に、大阪圏では 2006 年に底打ちしている）。

【米国の動向】

　表Ⅰ－2 によると、米国では、2000 年に住宅価額の個人所得に対する倍率が適正なものであったとすれば、2006 年 7 月の前者のピーク時には S&P ケース・シラー住宅価格指数 10 都市では 226％（上昇率の可処分所得倍率は 1.7 倍）、同 20 都市では 207％（同 1.6 倍）を示していた。

　しかしバブル崩壊の結果として 2009 年 5 月には同 10 都市では 151％、同 20 都市では 140％に下落（底打ち）したのに対して個人所得は 139％に上昇することにより前者の倍率が 1.09 を、後者の倍率が 1.01 を示して、両者ともほぼ適正な倍率を回復している（表Ⅰ－3 の 5.5 倍は別途で求めた数値による）。

【住宅価額の年収又は個人所得に対する倍率の回復】

　ここで問題は、日米両国における住宅価額の年収又は可処分所得に対する倍率が前者の崩壊から適正なものに回復するまでの期間である。すなわち日本では東京圏で約 14 年、大阪圏で約 15 年もかかっていたのに対して、米国では約 3 年で回復したということである。

　その理由は、2. で述べた通り、日米のバブル時における住宅価額の倍率の高さの差にあったことが、図Ⅰ－3・図Ⅰ－4 と図Ⅰ－5 を比較することにより明らかである。

【住宅価額指数と年収指数又は個人所得指数との格差部分がバブル部分】

　図Ⅰ－3・図Ⅰ－4 は、住宅価額が年収の約 5.5〜6 倍で購入できた時期（東京圏は 1979 年、大阪圏は 1981 年）を始点として住宅価額指数と年収指数、さらに支払財源としての粗付加価値指数、及び一般的に地価等との比較材料とされる名目 GDP 指数のバブル時前後の動向を描いてある。

　それらでは、図Ⅰ－3・図Ⅰ－4 ともに 1987 年以降住宅価額指数が他の 3 指数を大幅に上回って上昇し、1991 年をピークに反転して、2005・2006 年に年収指数とほぼ合致することにより底打ちしていることが興味深く読み取れる。

　これらの図から分かるように、住宅価額指数と年収指数との間の部分がバブル部分である。それ故バブル部分が膨らみ始めた 1987 年頃（関連統計の把握に要

する期間により１年の遅れがあっても）に金融政策を引き締めることによりバブルのそれ以上の形成を回避することができた筈である。

　図Ｉ－５は、米国の住宅価額が普通に購入できた時期（Ｓ＆Ｐケース・シラー

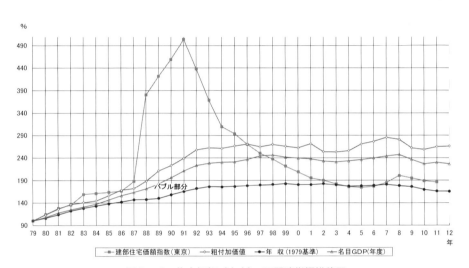

図Ｉ－３　住宅価額（東京）・同関連指標推移図

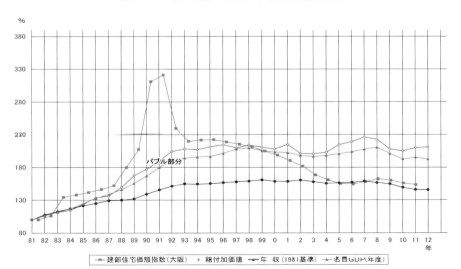

図Ｉ－４　住宅価額（大阪）・同関連指標推移図

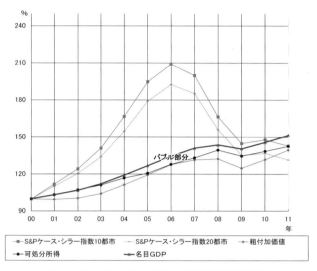

図Ⅰ－5　住宅価額（米国）・同関連指標推移図

　住宅価格指数10都市・20都市ともに2000年）を起点として住宅価額指数と可
処分所得指数、さらに粗付加価値指数、及び名目GDP指数のバブル時前後の動
向を描いてある。

　図Ⅰ－5では、それらの指数の同10都市・20都市ともに2000年以降住宅価
額指数が他の3指数をかなり上回って上昇し、2006年をピークに反転して、
2009年に可処分所得指数等とほぼ合致することにより底打ちしていることがや
はり興味深く読み取れる。

　図Ⅰ－3・図Ⅰ－4の場合と同じく図Ⅰ－5においても住宅価額指数と可処分
所得指数との間の部分がバブル部分である。それ故（種々の問題―IT不況と同
時多発テロ―があったため、2001年からは無理としても）そのバブル部分が上
昇程度を強めた2004年頃に住宅金融を引き締めることによりバブルのそれ以上
の形成を回避することができた筈である。

　これらのことは、バブル部分をこれらの図のように捉えることにより、今後の
バブルの行き過ぎを回避することができるという重要な知見である。

　ということは、リーマンショック時に当時のFRB議長のグリーンスパンがいっ
たように「バブルは消えるまで分からない」もの（米国のノーベル賞受賞経済学

14

者：ジョセフ・スティグリッツ、ポール・クルーグマン、ロバート・シラーや日本の著名な経済学者：金子勝教授もそれに賛同している）ではないのである（このように資産価格形成の本質としての法則性を追求すれば分かることである）。

4．日本も出口政策が必要

【米欧の政策と日本の景気回復】

以上により、日本よりかなり遅れて不況を招いた米国がすでに金融超緩和からの出口政策をとることができているのに（EU も米国に遅れて出口政策をとるまでになっている）、日本がそれをできない理由はバブルの規模の異常な大きさにあることを説明した。しかも日本は今や「いざなぎ景気」（1965 年 11 月から 1970 年 7 月までの 57 か月間続いたブーム）の長さを超えて好景気になってきている。しかし、最近は「失われた 30 年」といわれる低速した状態にある。

【リスクの存在】

とはいえ、①長期的には米国・ユーロ圏で企業債務の増大ペースは生産的資本ストックのそれを上回っており、②多くの新興国でも企業債務はかなり積み上がっており（特に中国の企業債務の GDP に対する比率はどの高所得国よりも実質的に高い）、③家計の債務は米英等多くの高所得国で高い水準を示している[12] から、好景気の限界が近づいている。

元 FRB 議長のバーナンキも、「今後も金融ショックが起こるのは避けられない」としている[13]。

日本では 2016 年 2 月からのマイナス金利政策の導入もあって上場地方銀行 80 行・グループのうち 6 割の 48 行・グループが 2018 年 3 月決算で減益に陥っており、さらに店舗・設備に減損のリスクも出てきており[14]、この傾向が続くと債務超過になるところも出るおそれがある。

加えて、景気にはほぼ 10 年周期の中期循環（ジュグラーの波：設備投資循環）があり、2018 年がリーマンショックの 2008 年から丁度 10 年目にあたっている（1997 年には東アジアの金融危機、1987 年にはブラックマンデー、1973 ～ 1979 年の石油危機による景気後退、1965 年の証券不況、1957 年のなべ底不況があった）。

【不況対策】

そこで残された重要な問題は、不景気に転換したときに打つべき政策手段が残

されているかということである。

そのときに現状のままで金利を上げると国債価格が下落し、財政面では国債費が増加して財政支出の圧迫を招き、金融面では自己資本の少ない日銀が債務超過になって[3] 対外信用を低下させ、国債を大量に保有する金融機関が巨額の評価損を来して、さらに景気を押し下げることになる。

かつてはそのような不況時に旧住宅金融公庫に資金を配分して、一般の住宅投資を助長する政策をとり、それからの乗数効果を期待することができた。

しかし、長期不況からの脱出策の一つとしての正規雇用比率を2/3を下回るまで減少させてしまった（景気の回復により有効求人倍率のかなりの上昇に見られるように人手不足を補うため一部では非正規雇用から正規雇用への変更も行われているが）から、非正規雇用者は住宅投資のための住宅ローンの対象外となって、従来の有力な不況対策をも弱体化させてしまっている。

そのほか、電力会社が不況時に積極的に設備投資をして需要を喚起することも行われていたが、東京電力の福島第一原子力発電の大事故以降その補償に多額の資金が必要となって、電力会社全部がそのような設備投資をすることができなくなってしまっている。

しかしながら、これらの政策に代えて、今回のような金融政策のほか、建設国債を財源とするインフラの新規投資と補修投資による需要の増加策があることを指摘しておきたい。もちろんこの赤字部分は後世代の負担になるが、これらの投資は後世代が新規又は現存のインフラを使うことによる効用増をもたらすための支出の側面も持つものなのである。

さらにリスクではないが、日銀のETF購入も保有資産格差の拡大を助長している。直ぐに縮小すれば株価への影響が大きいのであれば、ESG（環境 Environment）、（社会 Society）、（企業統治 Governance）投資信託の育成に向かうべきである。

【物価目標未達でも出口政策の検討を！】

米国の10都市住宅価額の個人所得に対する倍率のピークの2.26倍に対して日本の東京圏住宅価額の個人所得に対する倍率のピークが5.04倍であったから、日本のそれの方が約2.2倍も大きかったことになる。

したがって、米国がリーマンショックから10年弱で金融超緩和からの出口政策をとっているのと比較して、日本もバブル崩壊から28年を経過しているから、

その間の成長率の差があるとはいえ、そろそろ出口政策[15]を真剣に検討するべき時期にきているといえるのではないか？

今はバブルではないが、不況になったときに対策が限られていれば、景気回復までの期間が長引くことになる。その結果としては、雇用の悪化のほか、設備稼働率の低下により資源の利用効率の悪化を招いてしまうのである。

もともと「量的・質的金融緩和（QQE）」は、元日銀理事早川英男氏のいうように「実験的政策であり、それが成功するとすれば短期決戦のケースに限られる」し、リーマンショック以降は「柔軟な物価目標」が国際標準になっているのである[15]。

米国とユーロ圏は2%の物価目標を掲げているにもかかわらず、その未達の段階で金融緩和の縮小や金利引き上げに動き始めている[16]。日銀も漸く2018年4月に消費者物価上昇率目標の達成時期を削除し、同年7月には「20年度までは目標達成はできない」とするようになってきている[17]。

他方では日銀は2018年1月9日に超長期国債の購入額を減らしてきている（ステルス・テーパリング）から、出口政策に一歩踏み出しているのかも知れないが？[18]　いずれにしても日銀等の国債大量保有者に対する影響が大きいから、長期のステルス・テーパリングが必要となる。

日銀の桜井審議委員からは「現在のような緩和の状況が続いたら、累積的な効果があるので、やはり副作用が目立ち始めるかもしれない」として、「2%目標の到達前でも、来年ごろには長期金利の誘導目標を上げるといった政策調整が考えられる」という声も出てきている[19]。

ついてはIMFは、2015年8月に早くも日本に対して、日銀が2017年か2018年に国債購入の「テーパリング」の必要を示唆していたことも重視する必要があるのではないか！[20]

最後にもう一つつけ加えておきたい。2013年1月22日に政府と日銀がデフレ早期脱却と持続的な経済成長の実現のために締結した政策連携（共同声明：アコード）が続いているが、バブルの反省として日銀の独立性を保つために日銀法を改正したのであるから、出口政策とともにこの政策連携を終わらせることも忘れてはならないのである。

5．新型コロナウイルスによる大停滞

【世界の企業の大減収】

　新型コロナウイルスの蔓延により世界の企業は大減収を強いられている。『日本経済新聞』（2020.8.22 p.1）が報じるところによると、世界の1万社では、2020年4～6期に3割以上減収になった企業は24％と、リーマンショック時（2009年4～6期、21％）を上回ったという。各国で都市封鎖が解除された後も、人の移動の影響を受ける業種は回復が鈍い。グローバル経済は人の自由な往来によって発展してきた「コロナ禍の経済」（『日本経済新聞』（2020.8.12 p.1））のとは逆の状態を招いている。それ故長期化すれば事業継続が危うくなる企業が増えてくる。有利子負債を増やして凌いでいるから、負債依存度が高まっている。

　雇用減に対しては、長期化すれば「雇用調整助成金の延長や拡充など政策の目配りが重要になる」としている。

【日本の企業の大減収】

　『日本経済新聞』（2020.8.18 p.3）が報じるところによると、日本の実質GDP成長率は、202年4～6期まで3四半期連続でマイナスになり、前期比－7.8％（年率換算－27.8％：季節調整値）と戦後最大の落ち込みを記録している。7～9期について複数の民間エコノミストは、平均で内外需の反動増による前期比年率＋13.3％を見込んでいる。しかし、新規感染者数が高止まりで再び自粛ムードが高まっているから、成長率が鈍化して国内経済の回復力はかなり弱くなると予測されている。同エコノミストのピークを回復する時期は2024年に次いで2022年が多いとしている。

　雇用については、リーマンショック時並の過剰を示しているという。記事にはないが、世界の企業と同様に、長期化すれば事業継続が危うくなる企業が増えてくるリスクがある。

【新型コロナウイルスの蔓延の原因】

　中国が、「武漢ウイルス究所」[21]の「P4実験室」でSARSの研究をしているうちに漏れ出た可能性が高いようである。

【中国の『超限戦』】

　中国は、1999年に『超限戦』（喬良・王相穂著 坂井臣之輔監修 劉琦訳）という恐るべき図書を出していた。これにより明らかになったが、戦いは、いくさだ

けではないと称して、あらゆる技術を盗みまくって驚くべき発展をもたらしたのである。

6．金融・財政等救済による債務の著増と出口の諸問題

　新興国の債務残高は、図Ⅰ－6の新興国債務残高推移図に見られるように2018年から2021年にかけてかなり増加してきている（『通商白書』2022）。

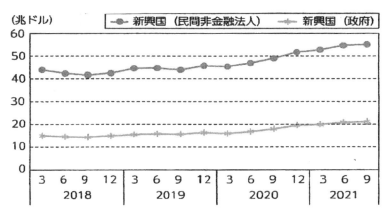

備考：民間非金融法人は市場価格ベース、政府は額面ベース。
　　　2022年5月時点でのダウンロード。
資料：BISから作成。

図Ⅰ－6　新興国債務残高推移図

（2019.1.7）

　（この論文は2018年6月2日の日本環境共生学会総会後に特別講演したものを加筆・修正した―同学会誌『環境共生』Vol.34（Mar. 2019）記載―ものである。景気の転換については4【リスクの存在】で先読みしていた）

補注

（補1）年収は、『賃金センサス』各該当年の年収（全産業1,000人以上大企業40～44歳の所定現金給与年額に年間賞与等を加えたもの）。

（補2）表Ⅰ－1は、住宅（居住用不動産）価額につき、次の諸条件の下に作成してある。

　　（a）東京圏・大阪圏ともに「住宅価額が年収の5.5～6倍」という目安を基に、東京圏では千葉市内の㎡当たり住宅地価格×地積155㎡、大阪圏では吹田市内の㎡当たり同価格×地積165㎡に

各該当年の建物価格×各床面積100㎡を加算した戸建て住宅を採用。戸建て住宅を採用したのは、サブプライムローンの戸建て住宅との比較のためである。

（b）千葉市と吹田市における1979年から1982年までの公示価格は、1975年の政策的な引き下げの尾を引きずっていたので、適正な価格に修正してある。

（c）建物価格は、『建築統計年報（国土交通省）』の「構造別：建築物の数、床面積の合計、工事費予定額」表の1㎡当たりの工事費予定額（国税庁が土地建物価額配分用に建物価額として採用のもの）による。

（d）住宅地価格は、東京圏の平均的な住宅地価格に近い千葉市内公示標準地価格と、大阪圏の平均的な住宅地価格に近い吹田市内公示標準地価格につき、必要に応じて補修正を施したものによる。

（補3）表 I－2 は、S&P ケース・シラー住宅価格指数の2000年基準のもの。

10都市及び20都市は、ロサンゼルス、サンディアゴ、サンフランシスコ、デンバー、ワシントン、マイアミ、シカゴ、ボストン、ラスベガス、ニューヨーク（以上10都市）、フェニックス、タンパ、アトランタ、デトロイト、ミネアポリス、シャーロット、クリーブランド、ポートランド、ダラス、シアトル。個人所得は、『米国経済白書』毎日新聞社の数値による。

（補4）建物については、建物完成時点以降毎回、耐用年数終了時の取り壊し費用に対する「資産除去債務」の仕訳①と、①に準じた考え方により建物更新期間の賃料に対する「建物更新期間賃料補填引当金」の仕訳②とを行うことを前提とする。

　　　①取得時（現在価値）：借方「有形固定資産」／貸方「資産除去債務」
　　　　毎決算時：　　　　　借方「減価償却費」　／貸方「減価償却累計額」
　　　　　　　　　　　　　　借方「利息費用」　　／貸方「資産除去債務」（現在価値逓減分）
　　　②取得時（現在価値）：借方「売上収益」　　／貸方「建物更新期間賃料補填引当金」
　　　　毎決算時：　　　　　借方「売上収益」　　／貸方「建物更新期間賃料補填引当金」（現在価値
　　　　　　　　　　　　　　　　　　　　　　　　　　　　　　　　　　　　　　　逓減分）
　　　　　　　　　　　（「売上収益」は外部仕入控除後の粗付加価値）

（補5）東京経済大学の桜井哲夫名誉教授は、「責任」は「応答」と同じ語源であり、「欧米では相互保証の関係を意味する。自己責任のように一方だけが責任を負う」ものではない。「自己責任論は、権力者の責任をあいまいにする」とし、慶應大学の松沢裕作准教授は、その流源は、明治時代にまで遡るという（「「自己責任」明治近代化に源流」『朝日新聞』2018.12.27付）。

（補6）年収負担率は、年間返済額／年収。

　　　ある銀行は、
　　　年収250万円未満　　　　　　　25%以下
　　　250万円以上400万円未満　　　30%以下
　　　400万円以上　　　　　　　　　35%以下としており、これが多いようであるが、甘いといわざるを得ない。

（補7）総務省統計局編『家計調査報告 平成28年平均速報結果の概要』p18 によると、2016年の「勤労者世帯の平均消費性向」は79.7%であった。bこれは可処分所得に占める消費支出の割合であるから、年収に占める消費支出の割合はもう少し低くなる。

注

1）「緩和マネー縮小へ難路 景気・物価なお不安」『日本経済新聞』2017.7.25 付。

2）平野英治論文「超金融緩和政策の「出口」は政府の責任だ」『プロが読み解くニッポン経済』『毎日新聞』2015.6.1 付。https://mainichi.jp/premier/business/articles/20150528/biz/00m/010/999000c

3）河村小百合著『中央銀行は持ちこたえられるか』集英社新書 2016.11 p.78、p.112。
  国債発行残高の 4 割超を持つ日銀の総資産額は GDP 並みで、GDP の 2 割程度の米国や 4 割弱の欧州に比べると突出した規模である。この状態のまま金融緩和を縮小すると金利の上昇による国債価格の下落で類型 20 兆円近い損失が発生するという報告もある。日銀の自己資本は 8 兆円程度だから債務超過になり日銀券の信認の確保が困難になる怖れがある（「日銀 揺らぐ独立」『日本経済新聞』2018.3.23 付）。

4）ロイター「米 FRB、量的緩和の終了を決定」『東洋経済』2014.10.30 http://toyokeizai.net/articles/-/51995.

5）「米雇用 20.9 万人増」『日本経済新聞』2017.8.5 付、「FRB に利上げ加速案」日本経済新聞電子版 2018.4.12。

6）「資産縮小「比較的早く」」『日本経済新聞』2017.7.13 付。

7）「米、利上げ小休止か」『日本経済新聞』2017.7.25 付。

8）「米利上げ路線 岐路に」『日本経済新聞』2018.12.21 付、及び「FRB、市場の鎮火優先」同 2019.1.6 付。

9）建部好治著『不動産価格バブルは回避できる』大阪公立大学共同出版会（日本土地環境学会学術賞受賞図書）2013.12 p.267、p.273、p.274、pp.157-160、pp.316-323。

10）浜田宏一・安達誠司著『世界が日本経済をうらやむ日』幻冬舎 2015.1 p.39。同書では為替の「変動相場制度下での財政政策（財政支出）は、……（国債供給増→国債価格下落→）金利の上昇による自国通貨高をもたらすので、その景気引き上げの効果は限られる」（マンデル・フレミング命題）としている。

11）図Ⅰ‑2 の円（対ドル平均）相場（暦年）は財務省「貿易統計」、名目 GDP（年度）は内閣府「国民経済計算」、全国・六大都市市街地価格指数全用途平均は日本不動産研究所「市街地価格指数」（ただし各年 3 月期の数値であるから、次年分を採用している）、日経平均株価（暦年）は日本経済新聞社「日経平均」プロフィルによる。

12）「積み上がる債務にひそむ危機」『日経ビジネス』2017.12.18 号。

13）小此木潔記事「黒田日銀総裁続投で日本経済のひずみはどうなるのか」『世界』2018.5 号。

14）「上場地銀、6 割が減益」『日本経済新聞』2018.5.18 付、及び「銀行迫る「不良資産問題」」『日本経済新聞』2018.5.19 付。2018.4 以降でも、「上場 80 社の 2018 年 4 〜 9 月期の連結決算は、最終損益が 7 割の 56 社で減益か赤字だった。……19 年 3 月期通期の純利益合計額は 2 年連続で 1 兆円を下回り、6 年ぶりに低水準にとどまる見通し」とされている（「地銀 7 割が減益・赤字」『日本経済新聞』2018.11.20 付）。

15）早川英男著『金融政策の「誤解」』慶應義塾大学出版会 2016.7 p.225、p.2、p.104。

16）「脱デフレ 誤算の政策協定」『日本経済新聞』2018.1.12 付。

17）「異次元緩和 5 年 上がらぬ物価」『日本経済新聞』2018.12.30 付。

18）「金融政策正常化の足音？」『日本経済新聞』2018.1.11 付。テーパリングは中央銀行が資産買い入れを徐々に減らしていくこと。

19）「2%、やみくもにではない」『朝日新聞』2018.5.25 付。

20）Serkan Arslanalp and Dennis Botman "Portfolio Rebalancing in Japan: Constraints and Imprications for Quantitative Easing" IMF Working Paper（Aug. 2015）

21）楊逸著『わが敵「習近平」』飛鳥新書 2020.7 －初版 2020.6。

Ⅱ．インフレと利上げ

1．インフレの定義

　金融超緩和が続いているのに物価は長い間安定したままである。それ故、利率もその間低水準におかれている。最近になって米国では漸くインフレの兆しが見えたため、久しぶりにテーパリング（量的緩和の縮小）に加えて利上げが取り沙汰されている。

　インフレの定義については、モノ、カネ、ヒトの三面から、まず川合一郎と酒井一夫及び小幡績の先行研究（ヒトの面には敷衍していない）につき説明する。

（1）モノの面

抽象的貨幣論的規定

　商品流通に必要な貨幣の量は、商品価値と貨幣価値によって決定される流通商品の総価格によって決まる。現実の必要量はさらに、これを商品転形の速度（貨幣の流通速度）によって除したものから、取引が相反する方向に行われる場合、手段としての貨幣の機能から相殺によって現実の貨幣の介入なくして完了せしめられる額を減ずることによって修正される（貨幣流通の法則、以上川合一郎）[1]。

　商品流通に必要とされる金貨の量は金の価値に応じて定まり、紙幣はこの流通に必要な金量を限度として金貨を代表とすることができる。

　紙幣インフレーションは国家紙幣および紙幣化した不換銀行券の増発が紙幣の価格標準機能の変化をもたらす現象である（以上酒井一夫）[2]。

商品需要の過剰　　　　　　　　　　　デマンドプル
商品需要がその供給を上回って増加すること（小幡績）[3]
商品供給の不足　　　　　　　　　　　コストプッシュ

商品供給の不足で生じるインフレ（小幡績）[3]

　たとえば、第一次大戦後のドイツは、生産設備が徹底的に破壊されたため、戦後の膨大な復興需要を賄うことが不可能な状態にあった（過大な賠償金の支払い義務がそれに輪を掛けた）。そのことの帰結は、当然に破局的なインフレであった。

　第二次大戦後の日本も、第一次大戦後のドイツと同様の条件の下におかれていたから、やはり破局的なインフレを招来した。

　これらの極端に全面的な商品供給不足の状態でなくても、特定原材料の調達困難による部分的な供給不足（ボトルネック）により、該当する諸商品の部分的な価格高騰が招来する。

　モノの動きを、GDP（名目国内総生産）と経常収支について、日本・ドイツ・米国及び中国の推移を見ると、図Ⅱ－1・図Ⅱ－2[4]の通りである。

　図Ⅱ－1の名目国内総生産の推移では、中国が、2008年9月のリーマンショック時に「世界を救った」とされる4兆元（当時のレートで約57兆円）の景気対策[5]と、「超限戦」[6]によりあらゆる機会を捉えて常にその時々の最先端の技術を全面的に利用したことが相まって、その後の急成長を可能にしたことを読み取ることができる。

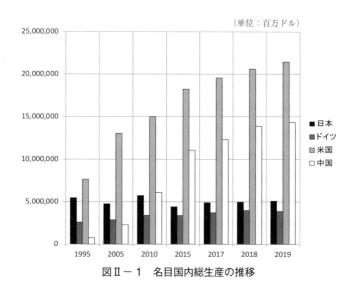

図Ⅱ－1　名目国内総生産の推移

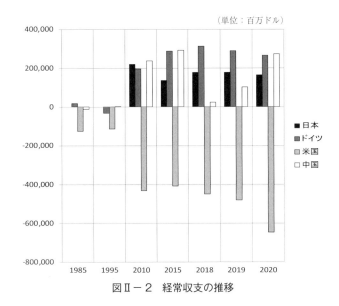

図Ⅱ－2　経常収支の推移

　図Ⅱ－2の経常収支の推移では、日本・ドイツ及び中国（2018年を除く）が、2010年以降の米国の大きい経常収支赤字に支えられて輸出を促進できていたことを示している。

（2）カネの面

　紙券は流通手段として流通界にある限り貨幣価値を反映した価値を持ちうるが、一度流通外に出るや背後の被代理物を失って無価値の紙片に変えざるを得ないから、たとえ流通に過剰となっても自動的に流通界を脱出することができず、金属貨幣と違って自動的調節作用を持つことができない。

　紙券は流通に必要な価格を名目的に超過するときその全量をもって流通に必要な貨幣量を代理するにすぎない（紙幣流通の法則）。

　インフレーションの本質は金・紙の乖離に基づくものである。

　管理通貨制下、インフレーションは財政を介して行われるのは明らかである。

　インフレーションと区別されるべきは、金属貨幣流通或いは金本位制下の好況期に見られる物価高騰、通貨膨張の現象である（以上川合一郎）[1]。

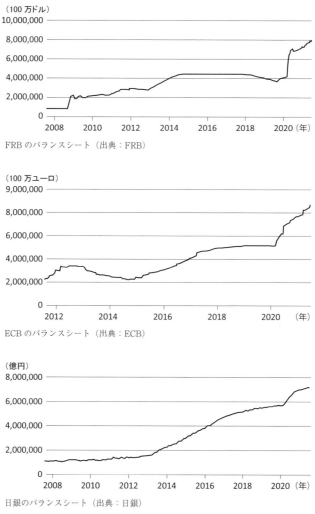

（100万ドル）

FRB のバランスシート（出典：FRB）

（100万ユーロ）

ECB のバランスシート（出典：ECB）

（億円）

日銀のバランスシート（出典：日銀）

図Ⅱ－3　米国中銀（FRB）・欧州中銀（ECB）及び日銀のバランスシート

　本来の意味のインフレーションは貨幣のインフレーションである。

　不換銀行券は、国家紙幣が直接に商品流通へ投入されるのとは異なって、中央銀行の政府信用を通じて発行される。その発行は民間信用による発行と一体となって銀行券流通を構成しており、管理通貨制の下ではその総量が調節されるばかり

ではなく、政府信用と民間信用との代替も行われる（以上酒井一夫）[2]。

図Ⅱ-3の米国中銀（FRB）・欧州中銀（ECB）及び日銀のバランスシートは、2008年（ECBは2012年）以後2020年までの米国中銀（FRB）・欧州中銀（ECB）及び日銀における総資産の推移を示している。

図Ⅱ-3によると、①リーマンショック時には日銀の総資産が微増であったのに対して、FRBの総資産がかなり増加していること、②コロナ禍の2020年にはこの三つの中銀が総資産を一層増やしていることが分かる。

マネーの増加によるインフレ（小幡績）[3]。

これらのインフレは、いずれも 貨幣流通量＞流通必要貨幣量 がもたらすものである。

（3）ヒトの面

ここでは先行研究が触れていない人口問題を取り上げる。

たとえば、第一次石油危機時の民衆の思惑によるトイレットペーパー・パニックがある。このことは人間の心理的側面としての、「自己実現的予言」[7] として捉えられている。

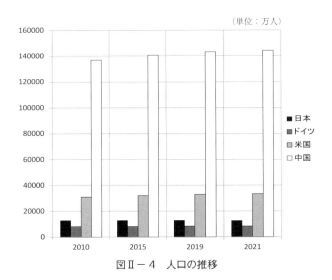

図Ⅱ-4　人口の推移

人口は、GDP（名目国内総生産）や経常収支等の経済活動を支える基礎的なものである。

　そのように重要なヒトの動きを、人口について、日本・ドイツ・米国及び中国の推移を見ると図Ⅱ−4[4)] の通りである。

　図Ⅱ−4の人口の推移では、従前からそうであるように、中国が突出して多いことを示している。このことは、面積が広いことと相まって、潜在的に大きい成長余力を持つことを告げている。

　このことに目をつけた鄧小平は、1978年からその指導による改革・開放政策（個人や企業の私有財産を認め、個人の生産・販売努力の成果としての収入増加を認めることで個人のインセンティブを高めたこと）により、（1）で述べたことと相まって中国の生産性は大きく向上した[8)]。

　最近になってこの人口でも労働力人口の供給不足（ボトルネック）により賃金の上昇が起きようとしている。

　日本では早くも1998年に労働力人口がピークを迎えていた。それにもかかわらず、非正規労働者は、1994年の約1000万人から、2004年の約1500万人を経て、2015年には約2000万人に達している。

　非正規労働者は、賃金水準が極めて低い（厚生労働省「賃金構造基本統計調査」では2010年から2019年にかけて正規労働者の54〜58％）ので、若い人達は結婚して子を育てることが不可能である。ということは、労働力人口を増やすどころかあべこべの憂うべき事態が継続しているのである。

2.　前提条件としての気候変動

　今や気候変動が厳しさを増してきている折から、議論の前提としてそれに触れることを避けるわけにはいかない時代になってきている。

　したがってここでは、それにかかわる重要な諸問題について述べる。

　気候変動問題は、世界的には1972年にストックホルムで開催された環境保護のための国連人間環境会議（「成長の限界」を発表）を嚆矢とする。そしてその間に発展途上国（ブラジル・インド）からの批判を受けて、その20年後の1992年にブラジルのリオデジャネイロでSDGs（「持続可能な開発目標」）という「非常に妥協的な」結論が出された。

　2021 年 10・11 月には英国のグラスゴーで国連気候変動枠組条約第 26 回締約国会議（COP26）が開催され、産業革命からの気温上昇を 1.5 度に抑える努力をするという合意文書が採択されている。そして折からの「コロナのパンデミック」が招いた諸活動の停滞により、一時的にはその達成が可能になるように見えた時期もあった[9]。

　現在盛んに称えられている SDGs については、「非常に妥協的な」結論といわれているように、もはや「開発」は「持続可能」でないのに、安易に SDGs さえ称えておけば許されると誤解しているような雰囲気があるのは、由々しい問題であるといわざるを得ない。

　この問題の解決には、経済活動の主体が利益追及を旨とする株式会社ではなく、たとえば協同組合のような全組合員が利益を享受できる組織のウエイトを高めていくことが重要である[10]。

3．インフレと物価騰貴との相違

　景気循環の上昇局面の物価上昇は、インフレではなく、物価騰貴である。

　「カネの面」で川合一郎がいうようにインフレーションと区別さるべきは、金属貨幣流通或いは金本位制下の好況期に見られる物価高騰、通貨膨張の現象である。

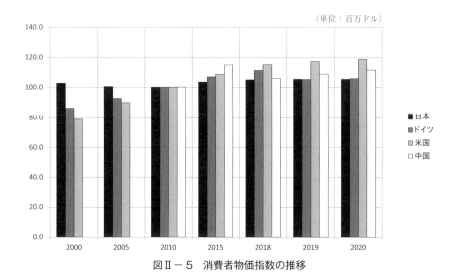

図Ⅱ－5　消費者物価指数の推移

ただし管理通貨制下であっても貨幣流通量＝流通必要貨幣量であれば、インフレは起こらない（中央銀行券が大量に発行されても流通必要貨幣量以外の貨幣が貯蔵されて流通市場に入らない場合も同様である）。

　図Ⅱ－5[4)]の消費者物価指数の推移では、2010年を基準として2015年には中国が、2018年以降は米国がその他の諸国よりも値上がりの程度が大きかったことが分かる。

4. 資産インフレ

　貨幣資本は、資本として常に増殖を求めるから、一般物価が長期間安定している下では、株式・土地等の資産に運用を求める。

　これらの資産の簡単な算式は、次の通りである[11)]。

（株価算式）　　　　　　　　　（地価算式）

$$P_S = \frac{E}{Y_S} \qquad\qquad P_L = \frac{R}{Y_i}$$

P$_S$　：株価　　　　　　　　　P$_L$　：地価

E　　：1株当たり税引後利益　　R　　：純地代

Y$_S$　：株式利回り　　　　　　Y$_i$　：土地利回り

　上記の算式で明らかなように、株価・地価は、分子の1株当たり税引後利益・純地代が上がると上昇し、下がると下落する。そして、分母の株式利回り・土地利回りが上がると下落し、下がると上昇する。

　日本では1975年以降低成長が続いていたが、1985年の「プラザ合意」[12)]をした（その「合意」では、先進国5か国の大蔵大臣（米国は財務大臣）と中央銀行総裁が集まり会議を開催して、ドル安に向けた各国の協調行動への合意を行った）ことを契機として、1980年代後半の膨大な地価バブルを生み出した。

　地価算式における分母の土地利回りの低下もあるが、当時の日銀が低金利を持続するのを奇貨とした分子の純地代の増加に対する過大な期待が、その後の日本経済に長期的に禍根を残す破局的な地価バブルを生み出した。そのことにより、その後の「失われた30年」の長きにわたる停滞の時期を招来したのである（「山高ければ谷深し」）。

　このような日本の地価バブルを詳細に分析しながら、米国もその後の2008年9月に住宅バブルに起因するリーマンショックを引き起こしている。このことは、

地価の本質を理解していないといわざるを得ない[11]。

　最近の中国も4兆元の景気対策が尾を引いている下での過大な不動産投資により不良在庫の山を築いているから、このような中国に対しても同じことがいえる。

　株価については、度重なる金融超緩和の下で、米国・日本ともに株価算式における分母の株式利回りの低下もあるが、やはりそれは、分子の1株当たり税引後利益の増加に対する正常な期待値を超えて高い水準まで上昇しているといわざるを得ない（ロシアがウクライナに一方的に戦争を仕掛けているから、「戦争は売り」ということで一時的に下落しているが）。

5．最近の動向

（1）金融超緩和下の一般物価安定と最低利率の持続

　金融超緩和の下で一般物価が長期間安定していたから、最低利率が持続していた。

　そのように金融超緩和の下で一般物価が長期間安定していた原因は、中国の低賃金に支えられた膨大な供給能力にあった。それを導いたのは、改革開放後の中国の賃金水準が、先進諸国の5%程度であったから、先進諸国がその低賃金を利用しようとして、中国に集中的に設備投資を行ったことである。

　したがって、そのような膨大な供給能力の下では、そこで生産される諸商品の価格が上がらない（日本は中国に地理的位置が近くて運賃が安くつくので、それだけ影響が大きくなる）から、利率も最低水準を維持し持続できたのである。

（2）コストプッシュ・インフレに対する利率の引き上げ

　ところが最近になって、半導体の入手困難が起きているときに、ロシアのウクライナ侵攻と、それによる供給側の重要な原油の高騰がボトルネックとしてのコストプッシュ・インフレを引き起こしている。

　2021年12月に米国消費者物価（CPI）の値上がりは7%を示したが、個人消費支出物価指数（PCE）のそれは5.8%で、まだ年率2%のインフレ目標の水準には達していない[13]。

　というわけで、部分的な商品の値上がりであるから、全面的なインフレではない。

　このことについては、『日経ビジネス』（2022.2.7）の記事「「インソレーション・ドミノ」押し寄せる価格上昇の波」が参考になる。

そこでは、①米国が欠品を防ぐ内製化でさらなる人手不足に陥っていること、②その大手が内容量削減（シュリンクフレーション）で対抗していること、③欧州が天然ガスの急騰に直面していること、④東南アジアが食品の値上がりにより生活の困難を増していることが報告されている。

さらに最近には、ロシアのウクライナ侵攻を契機とする原材料の高騰という別のボトルネックインフレも生じている。

そんななかで、米国ではインフレ対策としてFBIが2021年11月にテーパリング（量的緩和の縮小）を決め、さらに利上げを視野に入れだしている。

6. 今後の予測

エネルギーは生産・流通・消費のあらゆる過程で用いられるものであるから、その価格の高騰が一般商品価格に及ぼす影響は大きいものがある。

しかしながら、ウクライナ問題が長期化する場合を除いて、その問題が沈静化すればエネルギー価格が安定するから、今後も原材料供給面における一部のボトルネックの影響を受ける商品の部分的な値上がりにとどまるのではないか。

（2022.5.20）

注

1）「インフレーション」大阪市立大学経済研究所編『経済学小辞典』岩波書店 1949 p.18。
2）「インフレーション」大阪市立大学経済研究所編『経済学辞典』岩波書店 1979 p.49。
3）小幡績は慶應義塾大学大学院経営管理研究科准教授。https://toyokeizai.net/articles/-/433980
4）国際連合統計局編『国際連合世界統計年鑑2021』原書房 2022.2。
5）https://www.asahi.com/articles/ASLB85WGCLB8UHBI11V.html
6）喬良・王湘穂著 坂井臣之助監修 劉琦訳『超限戦』角川新書 2020.1。
7）翁邦雄著『人の心に働きかける経済政策』岩波新書 2022.1 p.2。
8）https://ja.wikipedia.org/wiki/%E9%84%A7%E5%B0%8F%E5%B9%B3
9）宮本憲一・斎藤幸平 特別対談「人新世の環境学へ」『世界』岩波書店 2022.4 p.150。
10）建部好治論文「第三者資本主義から仲間協同組合主義へ」『証券経済学会年報』第52号別冊 2018。
11）建部好治著『不動産価格バブルは回避できる―不動産価格形成の本質を踏まえて』（日本土地環境学会学術賞受賞図書）大阪公立大学共同出版会 2013.12 p.2、及び「不動産価格バブルの予兆を察知しよう！―株価を捉えるのと同じ発想をしよう―」『日本土地環境学会誌』第27号 2020.12 p.1。
12）https://www.nomura.co.jp/terms/japan/hu/plaza_a.htm
13）土居丈朗記事「経済論壇：賃上げは実現するのか バイデン政権とインフレ」『日本経済新聞』2022.2.26付 p.31。

Ⅲ. 資本主義の矛盾拡大と自然環境への負荷増大

1. 資本主義の矛盾拡大と貧困

　資本主義の歴史は、周知のように景気変動を繰り返しながら今日に至っている。その最大のものはバブルの膨張とその崩壊である。そして、好景気が反転すると、雇用減による失業、設備の操業度低下、及び意図しない在庫の増加等が惹起され、資源の浪費と配分のゆがみをもたらし、それらの程度はバブル崩壊時には極端に大きくなって、期間も長くなる。

　自然環境の問題が厳しくなってきている折から、筆者は、それが大きいダメージを受けることにつながるバブルの生成と膨張を回避することができるように、これまで、次の著書・論文を執筆してきている。

　著書　　『不動産価格バブルは回避できる―不動産価格形成の本質を踏まえて―』
　　　　　大阪公立大学共同出版会 2013.12（日本土地環境学会学術賞受賞図書）

　論文 A 「米国の金融超緩和からの出口政策実施と日本の出口政策の必要性―
　　　　　資源の無駄使い防止の観点を踏まえて―」（日本環境共生学会総会後
　　　　　特別講演論文 2018.6 を加筆修正したもの）

　論文 B 「不動産価格と株式価格との類似性
　　　　　―株価算式 PER から不動産算式 PAR と PIA を導く―」（『不動産鑑定』
　　　　　住宅新報社 2019.2）

　論文 C 「不動産業と建設業の事業用不動産粗付加価値率（又は購入可能財源率）
　　　　　―全産業・製造業・非製造業のそれらとの比較―」（『不動産鑑定』住
　　　　　宅新報社 2019.4）

　米国大資本の主導の下、市場原理主義とグローバリゼイションによる資本蓄積の成長における所得と資産の格差拡大の下で、トリクルダウンは起きないのが明らかになった。

　したがってここでは、各国資本主義を主導した米国の格差拡大について見ていく。

【FRB のエコノミストが捉えた米国の所得・資産格差】[1]

　FRB のエコノミストは、格差に関する新しいデータセットを要約した論文において、「富の分配における上位 10％が総資産の多くを保有し、その割合は増える一方だ。下位半分の保有割合は、ほとんど見えないほど少ない」と述べている。そのデータセットは、既存の統計よりもタイムリーなものだ。

　詳しくは、「2018 年を見ると、最も裕福な 10％が、家計資産合計の 70％を所有している。この数値は、1989 年には 60％だった。トップ 1％に流れ込む割合は、1989 年の 23％から、2018 年には 32％に跳ね上がった」という。

【米国における所得（フロー面）と資産（ストック面）の格差拡大】

　表Ⅲ－1 の米国所得五分位等毎の所得（フロー面）と資産（ストック面）の長期的推移を見ると、1979 年から約 30 年間の所得（フロー面）分配傾向は、「収入の階段を上がれば上がるほど、伸びに弾み」がついているのが分かる（括弧内の数値は、米国連邦議会予算事務局のもの）。

　その結果、上位 1％の資産（ストック面）は、33％から 40％にウエイトを増やしてきている。

表Ⅲ－1　米国所得五分位等毎の所得・資産長期的推移表

	スティグリッツ[2]（ダグ・ヘンウッド）[3]				
	上位 1％の所得	次の 19％	次の 60％	底辺の 20％	上位 1％の資産
（1979）					
1985	12％				33％
1989	23％				
（2007）	（＋275	＋65	＋40	＋18％）	
2010					40％
2018	32％				

　米国所得（フロー面）五分位数・ジニ係数等の 1968 年以降 50 年間の推移は、表Ⅲ－2 に見られるように、所得五分位層は、唯一 41.1％から 50.3％（変化率は 1.224）にウエイトを増やしてきているのに対して、同 4・3・2 分位層は、53.0％から 46.1％（変化率は 0.870）に、同 1 分位層は、5.8％から 3.5％（変化率 0.603）に、それぞれウエイトを減らしてきている。

　それらの結果として、その間にジニ係数[4] は、0.351 から 0.464 に増加して、

格差の拡大を示している。これらの現象は、1980 年代以降の新自由主義とグローバリズムがもたらしたものである。

表Ⅲ－2　米国所得五分位数、ジニ係数等推移表

符号	c/p	p												c
年度等	変化率	1968	1970	1975	1979	1980	1985	1990	1995	2000	2005	2007	2010	2015	2018
所得等価割合														
所得五分位数														
第 1 分位	0.603	5.8	5.7	5.6	5.3	5.2	4.6	4.4	4.1	4.1	3.8	3.8	3.4	3.4	3.5
第 2 分位	0.740	12.3	12.1	11.9	11.7	11.6	10.9	10.6	9.9	9.8	9.5	9.5	9.2	9.0	9.1
第 3 分位	0.845	17.4	17.3	17.3	17.2	17.3	16.7	16.3	15.6	15.2	15.1	15.3	15.0	14.8	14.7
第 4 分位	0.957	23.4	23.4	23.6	23.8	24.0	23.7	23.5	22.8	22.3	22.6	22.9	23.1	22.9	22.4
第 2~4 分位計	0.870	53.0	52.8	52.8	52.8	52.9	51.3	50.4	48.3	47.3	47.2	47.7	47.3	46.7	46.1
第 5 分位	1.224	41.1	41.5	41.6	41.9	41.9	44.1	45.1	47.6	48.6	49.1	48.5	49.2	49.8	50.3
所得不平等のジニ係数	1.322	0.35	0.36	0.36	0.37	0.37	0.39	0.41	0.43	0.44	0.45	0.44	0.46	0.46	0.46

（出典 Selected Measures of Equivalense-Ajusted Income Dispersion 1967 to 2018 Current Population Reports series P.60-204）

　世界各国の実情を見ると、ジニ係数が 2010-2015 年間において高い国々は表Ⅲ－3 の通りであり、ご覧のようにアフリカと中南米諸国がそれらの全部を占めている[5]。

表Ⅲ－3　ジニ係数高位諸国順位表

南アフリカ	63.4	パラグアイ	51.7
ナミビア	61.0	ブラジル	51.5
ハイチ	60.8	エスワティニ	51.5
ボツワナ	60.5	ギニアビサウ	50.7
中央アフリカ	56.2	パナマ	50.7
ザンビア	55.6	ホンジュラス	50.6
レソト	54.2	チリ	50.5
コロンビア	53.5	ルワンダ	50.4

2．ピケティの『21 世紀の資本』における「r ＞ g」

　トマ・ピケティは、これらの現象を「r ＞ g」[6]という不等式で説明している。

　　r ：資本の平均年間収益率－（利潤、配当、利子、賃料等の資本からの収入）／資本の総価値

ｇ：経済成長率＝所得や産出の年間増加率

　資本収益率ｒはストック面の数値であり、経済成長率ｇはフロー面の数値である。

　この不等式についてピケティは、次のように説明している。

　「資本収益率が経済の成長率を大幅に上回ると、論理的にいって相続財産は産出や所得よりも急速に増える。相続財産を持つ人々は、資本からの所得のごく一部を貯蔵するだけで、その資本を経済全体より急速に増やせる。こうした条件下では、相続財産が生涯の労働で得た富より圧倒的に大きなものとなるし、資本の集積は極めて高い水準に達する。潜在的には、それは現代の民主社会にとって基本となる能力主義的な価値観や社会正義の原理とは相容れない水準に達しかねない。

　さらに、この格差増大の基本的な力は他のメカニズムで強化されかねない。たとえば、貯蓄率は富が大きくなると急増するかもしれない。あるいはもっと重要な点として、資本の平均有効収益率は、その個人が持つ初期資本が大きいと高くなるかもしれない。」……

　そして、「多くの経済モデルは。資本収益率は、その人の富の大小にかかわらずすべての所有者にとって等しいと想定する。でもこれはまったく確実な話などではない。裕福な人たちが、そうでない人たちより高い平均収益率を手にする可能性は十分にある。

　このようなメカニズムが、資本の分配における急激な格差拡大を自然と招くことは容易に理解できる。世界の富の階層のトップ十分位や百分位が持つ富が、構造的理由から下の階層よりも急速に成長するなら、当然ながら富の格差は際限なく広がりやすい。この不平等なプロセスは、新しいグローバル経済で空前の規模となりかねない。」……

　そして不等式ｒ＞ｇは資本主義の中心的な矛盾として、次のような警告をしている。

　「不等式ｒ＞ｇは、過去に蓄積された富が産出や賃金より急成長すると言うことだ。この不等式は根本的な論理矛盾を示している。事業者はどうしても不労所得生活者になってしまいがちで、労働以外の何も持たない人々に対してますます支配的な存在となる。いったん生まれた資本は、産出が増えるよりも急速に再生産する。過去が未来を食い尽くすのだ。

　これが長期的な富の分配動学にもたらす結果は、潜在的にかなり恐ろしいもの

だ。特に資本収益率が、当初の資本規模に直接比例して増えるということまで考慮するとその懸念は高まる。そして、この富の分配の格差拡大は世界的な規模で起こっているのだ。

　この格差増大は、いまや長期的には持続不可能な率で高まっているし、これは自律的な市場のもっとも熱狂的な支持者ですら懸念すべき水準だ。さらに歴史的な実例を見ると、こうしたすさまじい富の格差は、起業精神などとはほとんど関係ないし、成長促進にもまったく役に立たない。またそれは、本書の冒頭で引用した1789年フランス人権宣言にある「共同の利益」などいっさいもたらさない。」

　以上から見えてくることは、格差が拡大することにより、底辺の人達がますます貧困に追いやられることである。

【ピケティの捉え方をもっと多面的に】

　これについてピケティの師のアトキンソンが、次のような指摘をしていることも重要である。

　格差・不平等の拡大は、「多面的な現象なんだから、それを一つの原因だけに帰して、たった一つの解決策でそれが片付くかのような印象を与えるのは、あまり望ましくない。もっと多面的な見方が必要だ。……その多面的な取り組みをいくつか挙げてみよう。累進課税が弱まったことで不平等が強まったのなら、それを復活させようじゃないか。資本所有の差が不平等につながるなら、資本をみんなにあげるような仕組みを考えようじゃないか。ピケティは、公的な資本所有がなくなったというのを問題視していた。だったら、ソヴリン・ウェルス・ファンドのような公的資本所有をまじめにやろうじゃないか。格差があるんだから、貧困家庭を特に児童手当を通じて支援するような仕組みを創って底上げしようじゃないか。社会として，不平等を解決しようと思うのであれば、あらゆる面から取り組むべきじゃないか？」

　このような現象に対して2011年9月にニューヨークでは「1％対99％の問題」が公共スペース占拠運動として噴出した[3]。

3．世界的な貧困問題

　国連開発計画（UNDP）[7]によると、2019年のグローバル「多次元貧困指数（MPI）」[8]は、世界の推計人口[9]の約77億人が暮らす196か国のうち、57億人

が暮らす101か国を対象としている、これは世界人口の約74%にあたる。この多次元貧困層については、健康、教育、生活水準に関する加重指標のうちの約13億人が貧困状態にある。しかもそのうちの8.86億人は中所得国、4.4億人は低所得国で暮らしている。

　世界各国の実情を見ると、貧困率（日給1.90ドル以下の労働者の割合）が2016年において高い国々は表Ⅲ－4の通りである。ご覧のように地域的には、サハラ以南アフリカ・南アジアと北朝鮮で多次元貧困層の割合が最も高くなっている[5]。

　多次元貧困層の割合が高い国々は、乳幼児死亡率をも高めている。2015-2020年間の出生者数千人当たり死亡者数60人以上の高い順に述べると、中央アフリカ・チャド・シェラレオネ・ギニアビサウ・ブルンジ・ソマリア・マリ・南スーダン・コンゴ（民）・モザンビーク・パキスタン・モーリタニア・ナイジェリア・ベナン・赤道ギニアがある[5]。

表Ⅲ－4　貧困率高位諸国順位表

アフガニスタン	83.2	モザンビーク	54.3
中央アフリカ	74.9	北朝鮮	54.3
コンゴ（民）	73.9	ザンビア	51.1
ブルンジ	71.3	マリ	49.8
マダガスカル	71.0	ルワンダ	49.3
マラウイ	63.2	ラオス	48.9
ジンバブエ	60.7	バングラディシュ	47.4
ギニアビサウ	58.5	ナイジェリア	47.4

4. 自然環境への負荷増大
【自然のシステムの劣化】

　自然環境は、人間社会の土台となる社会基盤を与えてくれるものである。これまで人間は、その生活と活動においてその社会基盤をかなり痛めてきている。そしてその痛める程度が僅かな間は、自己修復力でカバーできていたが、産業革命以後の約200年間にその程度が量的にも・質的にも自然環境への負荷を増大させて問題化している[10]。

　第1に、「1750年頃に比べ、大気は人間が排出する物質のせいで150％増加したメタン、63％増加した亜酸化窒素、43％増加した二酸化炭素、の分だけ「濃く」なった。二酸化炭素の濃度については、産業革命前には280ppmだったのが、2013年には400ppmに増加した。……これらは太陽光により暖まった地球が宇宙へ放出すべき熱を地上に留めることから、地球に「温室効果」をもたらすガスと呼ばれている。……」

　第2に、「地球上の生態系が全般的に破壊されたこと……生物多様性の破壊は（農業や都市化に由来する人間化による）自然環境の全体的な単純化と、地球の生態系の分断と破壊に伴うものであると同時に、気候変動によっても促進されている。……」

　第3に、他の主要な変動として「水、窒素、リン酸塩それぞれの生物地球化学的循環における変動であり、炭素の生物地球化学的循環における変動と同じ程度に重要である。」

　第4に、地上の人工化、すなわち牧場、耕地、都市の建設の影響について「一つの種でしかない人間は1800年の9億人から2012年の70億人に至るまで数を増やし、地上のほぼ三分の一のバイオマス生産を占有し、地球が耐久可能な形で供給できるものの1.5倍の量を年間に消費している。」

　第5に、人間によるこれまでにないほどの飛躍的なエネルギーの利用は「石炭をはじめ、石油や天然ガス、そしてウラニウムといった新たな資源が1800年から2000年の間にエネルギー消費量を40倍に増加させた。」[11]

【環境問題の主な原因は貧困】[12]

　国際環境条約は、「世界の環境問題の主な原因は、貧困である。このため、世界規模での貧困や不平等に潜む要因を含む包括的なアプローチの考慮なしには、環境問題の解決に向けた努力は無意味である」という。その通り今や、世界規模での人口爆発や完全な消費社会の出現により、問題は益々深刻化し、各国の経済は圧迫されている。このような状況は、短期間での自然破壊に追い討ちをかける一方で、経済・社会面での生活の基礎の一部を破壊してきている。

　人口爆発について世界各国の実情を見ると、人口増加率（年平均変化率）が2015-2020年間において高い国々は表Ⅲ－5の通りである。ご覧のように西アジアのバーレーン・オマーン・イラク・パレスチナ（ヨルダン川西岸・ガザ地区）

を除けば、アフリカ諸国がそれらの全部を占めている[5]。

表Ⅲ－5　人口増加率高位諸国順位表

バーレーン	4.3	マラウイ	2.9
オマーン	4.1	モザンビーク	2.9
ニジェール	3.8	ソマリア	2.9
赤道ギニア	3.6	イラク	2.8
アンゴラ	3.3	セネガル	2.8
ブルンジ	3.2	ベナン	2.7
コンゴ（民）	3.2	マダガスカル	2.7
ウガンダ	3.2	モーリタニア	2.7
タンザニア	3.1	南スーダン	2.7
チャド	3.0	ヨルダン川西岸・ガザ	2.7
ガンビア	3.0	カメルーン	2.6
マリ	3.0	コンゴ	2.6
ザンビア	3.0	ギニア	2.6
ブルキナファソ	2.9	ナイジェリア	2.6

　このような人口爆発は、食料・燃料・住居等の素材を求めて、森林を切り開き、農地や宅地を造成することになる。それらの影響による 1995-2015 年間の森林面積の変化率が高い国々は、表Ⅲ－6 の通りである[5]。ご覧のようにアフリカ諸国のほか、中米のホンジュラス・エルサルバドル・ニカラグア、アジアのパキスタン・北朝鮮・キルギスタン・東チモール、及び南米のパラグアイも加わるのが目立っている。

表Ⅲ－6　森林面積減少率高位諸国順位表

トーゴ	-67.9	ニジェール	-30.2
ナイジェリア	-53.9	チャド	-25.2
ウガンダ	-51.8	エルサルバドル	-25.2
モーリタニア	-38.7	ニカラグア	-25.2
ホンジュラス	-36.8	マリ	-25.1
パキスタン	-36.6	キルギスタン	-24.8
スーダン	-35.7	東チモール	-24.6
北朝鮮	-33.5	パラグアイ	-24.4
ジンバブエ	-31.5		

　しかしながらこの表だけでは不十分なので、環境省のデータによると、2000-

2010 年間の森林面積減少国ではブラジルが圧倒的に大きく、次いで、オーストラリア・インドネシア・ナイジェリア・タンザニア・ジンバブエ・コンゴ・ミャンマー・ボリビア・ベネズエラが掲げられている[13]。

注

1）Forbse「広がる格差、「上位 1％」がアメリカの総資産 3 割を握る」https://forbesjapan.com/articles/detail/27614

2）ジョセフ・E・スティグリッツ著 峯村利哉訳『世界に分断と対立を撒き散らす経済の罠』徳間書店 2015.5 p.124。

3）オキュパイ！ガゼット編 肥田美佐子訳『私たちは "99％" だ』岩波書店 2012.4 p.8。

4）ジニ係数は、「「偏り」や「不均等さ」を数値で表したもの」で、「1 に近いほど偏りが大きく、0 に近いほど偏りが小さい」とされる。https://bellcurve.jp/statistics/course/3798.html

5）英「エコノミスト」編集部『世界統計年鑑 2019』ディスカバー トゥエンティワン 2018.11 p.28 p.58 p.93 p.15 p.87。

6）トマ・ピケティ著 山形浩生・守岡桜・森本正史訳『21 世紀の資本』みすず書店 2014.12 pp.28-29、pp.446-447、pp.602-603。

7）国連開発計画は 2014 年に世界における貧困率の動向を発表している。https://www.jp.undp.org/content/tokyo/ja/home/presscenter/pressreleases/2019/MPI2019.html

8）UNDP「2019 年　グローバル多次元貧困指数（2019.7.12 調査）」https://www.jp.undp.org/content/tokyo/ja/home/presscenter/pressreleases/2019/MPI2019.html

9）総務省統計局「世界の統計 2018」https://www.stat.go.jp/data/sekai/pdf/2018al.pdf#search=%27%E4%B8%96%E7%95%8C%E5%B7%A3%E3%81%AE%E4%BA%BA%E5%8F%A3%27

10）ジェフリー・ヒール著 細田衛士・大沼あゆみ・赤尾健一訳『はじめての環境経済学』東洋経済新報社 2005.5 p.6。

11）クリストフ・ボヌイユ、ジャン＝バティスト・フレソズ著 野坂しおり訳『人新世とは何か』青土社 2018.4 pp.21-25。

12）ParsToday「貧困と自然環境の関係（2018.4.21）」https://parstoday.com/ja/radio/programs-i42740

13）「森林面積の変化の大きな国 10 ヶ国」表。環境省『世界の森林の現状』https://www.env.go.jp/nature/shinrin/index_1_2.html

Ⅳ. 「民主主義」から
「生態系主主義（Eco-cracy）」へ

　ここでは、①「民主主義」から「生態系主主義」へ（Democracy から Eco-cracy へ）、②経済の目的としての「生態系主主義（Eco-cracy）」の理念と宗教、③「生態系主主義（Eco-cracy）」のための共感と共理、④社会・自然環境の両面における不祥事件・動植物生存域の狭隘化と気候大変動への対策・支援等につき、「人間の眼と同時に動植物等の眼（想像によるもの─以下同じ）との複眼で見る」という視点を意識して、説明していきたい。

1. 「民主主義」から「生態系主主義」へ（DemocracyからEco-cracyへ）：
「複眼」で見る

【民主主義】
　「民主主義」の下では、人間だけの自由と平等しか視野に入らないから、人間を含めた生態系（動植物等）全体を視野に入れる、「生態系主主義」が必要な時代を迎えている。

　たとえば不祥事件の度毎にコンプライアンスが叫ばれているが、「法令遵守」は最低限のものであり、国際的な法規制が遅れている自然環境保全とファンド（殆どが具体的な意思決定機関を持っていない）等の投機的資本─その行動自体が自然環境にマイナスの影響を与えている─の行き過ぎ抑制をも考慮に入れて行動するべき時期を迎えている。

【「生態系主主義（Eco-cracy）」】
　筆者は、2006 年出版の図書[1] で記した、自然環境問題の基本哲学としての「生態系主主義」（エコクラシィ）により行動する必要性を称え続けている。

　『広辞苑』によると、Democracy（民主主義）は、「ギリシャ語 demokratia で、demos（人民）と kratia（権力）とを結合したもの」である。そして生態系は、「ある地域の生物の群集とそれらに関係する無機的環境をひとまとめにし、物質循環・

エネルギー流などに注目して機能系としてとらえたもの」であるとしている。ここでは「生物の群集」を主体とし、「それらに関係する無機的環境」、すなわち主体を取り巻く生存環境を客体として捉える。

つまり "Eco-cracy" ＝「生態系主主義」とは、過去はともかくとして、現在から将来に向かっての**生態系全部の支配的な権利を認めること**をいう。すなわち人間が自己の生のために生態系の生を利用させてもらっていることを自覚し、自然の持続可能な物質代謝の法則を最優先して、生態系の一部にすぎない**人間とその他の生態系全部との共生を最重要視**しなければならないのである。

上記の図書では、【科学技術進歩の光と陰】として、次の指摘を行っていた。

産業革命以降の約200年間における科学技術の驚異的な進歩は、主として先進諸国の人々の生活を飛躍的に向上させてきたという光の部分だけではなく、次のように科学技術の悪用又は過信による陰の部分をも増大させ、特に深刻な自然環境問題を引き起こすに至っている。

①戦争と演習による破壊と兵器生産による汚染・汚濁。

②原子力発電の廃棄物による汚染。

③ 4. の【不祥事件】で述べるように、イタイイタイ病・新潟水俣病・四日市公害・熊本水俣病の四大公害事件に加えて、牛肉偽装、土壌汚染、リコール隠し、保険料の不当不払い、DFP性能データの不正操作、アスベスト汚染、粉飾決算、耐震偽造、証券取引法違反、防衛施設庁の官製談合の諸問題等。（これらのほか、その後の諸問題としては、東電の福島第一原子力発電所事故に加えて、自然の猛威による風水害も起きている）。

そして、それらを推進してきた主体は、いうまでもなく主として各企業資本と各政策主体とであるから、①各企業資本は、1. で述べる「民主主義」を超えた持続的共生のための「生態系主主義（Eco-cracy）」の理念を踏まえて意識を改革した新CEOと新CFOが、それに基づく経営理念により指揮を執らなければならないし、②各政策主体は、①に期待することだけでは陰の部分を削減できないおそれが強いから、当該陰の部分に対しては、国等がペナルティつきの法規制をしなければならない段階を迎えているのである。

したがって、一方では、各企業資本の活動を単純に市場任せにする（市場原理主義に委ねる）のではなく、このような法規制の下で、市場を機能させること、

他方では、法規制をする官僚機構がはびこらないよう民間による常時監視システムを構築することが必要である。これらのことに対しては基本的に個々人の意識改革による支えが重要である。

　人間対人間の関係における諸問題の解決は、近代の「民主主義」を徹底することにより可能であるが、その「民主主義」は、自然環境を視野に入れることが少ないから、人間対自然環境の関係における諸問題の解決は、「生態系主主義」という新しい概念による必要がある。

　人間対自然環境の関係において生態系[2]が重要なのは、人間以外の生態系としての動植物等の存続が危うくなると、それと同時に人間自体の存続も危うくなるからである。

【基本哲学としての「生態系主主義（Eco-cracy）」】

　基本哲学の「生態系主主義（Eco-cracy）」により行動するとは、「人間の眼と同時に動植物等の眼（想像によるもの―以下同じ）との複眼で見る」ということである[補1]。詳しく述べると、両者には「人間だけが他の生物とは違って、自分の体を環境に直接曝していない」のに対して、「一般の生物は、環境との関係が直接であるために、常に自分を取り巻く環境の変化にうまく適合するようにと、自分の体や性質を少しずつ変化変形させて生きている」という相違点がある[3]。それ故、人間だけの視点で客体を改変するのではなく、そのような相違点をも頭に入れた視点で客体の改変を行うことが重要なのである[補2]。

　野生生物生態学者・環境倫理学者である故アルド・レオポルド教授がいう、後記（3.（3）【国等と他物（動植物等）との関係】）の人間とその組織の活動が動植物等に及ぼす影響と同様に、これまでは人間だけの視点でしかも、近視眼的な観点の下に客体が改変されてきたから、たとえば次のような弊害が起きている。

　環境庁の『海岸調査報告書』（1994.3）によると日本の海岸線は、自然海岸が55％、半自然海岸が14％、人工海岸が30％、河口部が1％の状態で、かなり改変されてきている。たとえば堺泉北臨海工業地帯は、かつては白砂青松で遠浅の海という都市近郊有数のリゾート地であった土地が、埋め立てられ重化学工業用の土地に改変されてできたものである。

　しかしながら、これらの土地に立地した重化学工業は僅か20年余りで衰退し、遊休地が目立つようになって、別途「大阪湾臨海地域整備計画」の策定に追い込

まれている。

　ということは、次のような長期的視点に立った厳密な計算に基づかない、近視眼的な視点の下に土地を改変したことによる大失敗であったといわざるを得ない。

　その計算過程は、そこにある全工場の、各年売上累計額─各年売上原価累計額─各年販管費累計額─各年営業外純損益累計額─資産除去債務額である。最後の資産除去債務額は現行法でも計上義務はないが、自然海岸を取り戻すためには、地上の建物・付属建物・機械・構築物のほか、土地の原状復帰費用も含まれる。それ故この資産除去債務額を考慮に入れると、ほぼすべての臨海工業地帯は、算盤が合わない筈である。

　その他の土地の改変には、公共用、農林業・牧畜用及び住宅用のものがある。

　公共用のものについては、主としてインフラ投資がある。しかし、人口が減少傾向にある折から、そのような投資による土地の改変は、必要最小限度のものに絞られるべきである。

　農林業・牧畜用のものについては、世界的には増加を続ける人間の生活を賄うために人間の生活圏に隣接する山林を農地等に改変するという環境破壊が継続している。このことは生態系全部に悪影響をもたらしているから、早急に人口増加に歯止めをかけるべきである。2015 年には国連サミットで「持続可能な開発目標（SDGs ＝ Sustainable Development Goals）」という新しい国際目標が採択されているが、今や開発（土地の改変）は持続可能でなくなっているのではないか？

　住宅用のものについては、日本では人口が減少しつつあるから、もはや市街地周辺の農地や山林を宅地に改変する必要がなくなっている。むしろ過疎地にある村等の空き家問題が浮上している。もう一つ重要なのは、中心市街地で増えつつある超高層マンションのことである。地震・火災等の大震災が起きたときに逃げ場がなく、その結果として上下水道の復旧にかなりの日時を要するときは、それらを利用する住戸の人達は生活できなくなるから、そのようなことが起きると超高層マンションの上層階に住もうと考える人がいなくなる筈である。それ故、超高層マンションの建築許可を早急にストップする必要があるのではないか？

【「生態系主主義（Eco-cracy）」と生物（動植物等）】

　すなわち人間は、自己の生のために生態系の生を利用させてもらっていることを自覚し、自然の持続可能な物質代謝の法則を最優先して、生態系の一部にすぎない人

間とその他の生態系全部との共生を可能な限り最重要視しなければならないのである。

生態系全部の生きる権利の内容には、①生態系全部の本能としての生きる権利と、②そのなかに含まれる人間の主体的な権利（義務を伴うもの）^(補3)との両者がある。そして、人間の主体的な義務は、人間の主体的な権利だけではなく、人間以外の生態系全部の本能としての生きる権利をも可能な限り大事にすることである。そうしてこそ真の意味において持続的発展（Sustainable Development）も可能になるのである。

【生物（動植物等）の本能】

生物（動植物等）の本能には、①自己保存本能と、②種族保存本能がある。①の自己保存本能は、生物が自己の命を大事にすることにより自己の生を保ち発展させることである。②の種族保存本能は、①の延長線上のものとして、自己の種族としての子・孫・曾孫等に自己の生を多く受け継がせ発展させることである。

以下では主として①の自己保存本能について述べるが、そこには当然に②の種族保存本能への展望も含まれることになる。

【自己の命と他者の命及びそれ以外の生態系全部の命】

個々の人間にとって最も大事なものは自己の命である。そして自己の命を大事にしようとすれば、他者（生活習慣・宗教・文化・伝統等における同一の文化圏の者と異質の文化圏の者の両者）の命と他物（それ以外の生態系全部）の命とを大事にする必要がある。

この場合の他者は、三人称ではなく、異質の文化圏の者も含めて二人称として、すなわち友人として考えるということである。友人として考えるということは、同一の文化圏の他者だけではなく、異質の文化圏の他者に対しても心を開くということである。

心を開くことが可能といえるのは、①同一の文化圏の他者と異質の文化圏の他者との双方が、ともに人間としての差別性のほかに同一性を持っており、②それらの両者が参加する市場において、参加者のモノとサービスの交換を継続的に成立させてきており、③しかも友人の友人としての広がりを持たせれば、殆どの人達が、二人称のなかに入ってくるからである（以下「**友人としての①〜③**」という）。これらについては、想像力が必要である。

①については、各人間の所属文化圏を問う以前に、個人（個体）として各人間

の体を組成している細胞は、各人毎に異なっているが、すべての人間が「生・病・老・死」^(補4)という共通の運命を持つことに留意する必要がある。

②については、社会的存在として同一及び異質の文化圏に属する人達が参加する複数の市場における「交換は、やり取りする双方の存立を互いに承認することの上に成り立つ」⁴⁾ものであり、参加する人達のモノとサービスの価値に対する共通の理解を前提としてそれぞれの交換を実現させており、それらの市場は、時の経過とともにグローバル化してきている。

③については、①②の基本になる個人（個体）と個人（個体）との共通の運命と共通の理解とに基づく、偏見や先入観抜きの、両者の友人としての相互関係が重要である。

【他物の詳細】

他物についても、いうまでもなく、それらの生が受け継がれていることにより、人間の生も受け継がれてきているのである。

したがって、ここで自己と友人との間又は人間と人間との間として捉えてきたものを自己又は人間と他物との間として捉え直す必要がある。その捉え直しにあたっては、「人間の眼と同時に動植物等の眼との複眼で見る」と、人間の眼からだけではこれまで気づくことのなかった動植物等の生存に必要とされる様々な事柄が見えてくる筈である。

動物については、たとえば次の交通事故のように、人間だけの都合に合わせて道路を作った場合には、「けもの道」を寸断することになるから、悲惨な結果を招くことになる。それ故、「複眼」で見て、これらの動物が道路を横断するのを見つけたときには、直ぐに停止又は衝突を回避できるまでの速度に制限する必要があるのではないか？（40キロ制限では停止又は衝突回避は不可能である）^(補5)。

①奄美大島及び徳之島の2島にのみ生息する特別天然記念物のアマミノクロウサギ（国際自然保護連合の絶滅危惧種）は、2020年に66匹が交通事故死している。

②沖縄島北部のやんばるの森に生息する国指定天然記念物のヤンバルクイナ（国の絶滅危惧種）は、1995年6月～2007年8月に69羽、2019年に31羽が交通事故死している（沖縄県は2006年から一部の道路で車の時速を30キロに制限しているが、30キロ制限下では殆どの車は時速40キロで走行するから、この速度制限では対応不可能である）。

　植物については、たとえば標準伐期を迎えた針葉樹林の跡地が捨て置かれている現状では、気候変動が激しくなっている折から、水が貯留されないので、被害を一層大きくしている。それ故、そのような伐採跡地には早急に植林、しかも植物が要求する針葉樹と広葉樹等をまじえた植林をする必要があるのではないか？

　宗教的に捉えると、このことは、土井健司氏が「キリスト教の基本は、「わたし－あなた」の関係にある」ということと同じ意味合いを持つものといえる[5]。

　このことについて、イスラムでは、他者を「区別」するが、そこには「共存の原理」が働いている。すなわち、「イスラームは元来、非イスラームの存在が内包されてはじめて全体としてのイスラーム世界をつくることになる」とされている[6]。

　このことについて、仏教では、「アンベードカルによれば、仏教の本質（ダンマ）は、人と人との間の正しい関係の確立―慈悲の心を基礎とする道徳の確立―にあるという。仏教では、他の宗教において神が占める位置を道徳性（ダンマ）が占めていると説」く。そして、「ダンマの道徳は人間の人間への愛という直線的不可欠さから生れる。それは神を必要としない。人間が道徳的であらねばならぬということは神を喜ばすためではない。人が人を愛するということは自らのためである」とされている[補6]。

　さらに特筆すべきは、ブッダが、「世の人々に対し、怒り憎むことなく、生きとし生けるすべての生きものに対して、自制（セルフ・コントロール）することは楽しい」として、生態系のすべての生を肯定していることである[補5]。

　そして、生態系全部についても、いうまでもなく、それらの生が受け継がれていることにより、人間の生も受け継がれてきているのである。

　したがって、ここで自己と友人との間又は人間と人間との間として捉えてきたものを自己又は人間と生態系全体との間として捉え直す必要がある。その捉え直しにあたっては、「**人間の眼と同時に動植物等の眼との複眼で見る**」と、人間の眼からだけではこれまで気づくことのなかった**動植物等の生存に必要とされる様々な事柄が見えてくる筈**である。

【人間の「命」と「利益」】

　人間と人間との関係において、ここでの「命」を「利益」にいいかえるならば、自己の利益を大事にするためには、他者の利益を大事にすることであるということになる。というのは、他者の利益を大事にすれば、他者も自己の利益を大事に

してくれるからである^(補6)。これとは逆に、他者の利益を踏みにじれば、他者も自己の利益を踏みにじるようになるからである。

この考え方は、すべての者の利益を大事にすることであるから、公共の福祉につながるものである。それ故、「自己の命」につながる「自己利益」と同時に「他者の利益」を重視することは、人間の共生と公共の福祉の原点である。しかもその関係を長続きさせるのが、人間と人間との関係を含む人間と生態系全体との関係における持続的共生のための「生態系主主義（Eco-cracy）」の理念であるといえる。

2. 経済の目的としての「生態系主主義（Eco-cracy）」の理念

ここでは、LCA（Life Cycle Assessment ＝製品「一生」の環境負荷評価）、CSR（Corporate Social Responsibility ＝「企業の社会的責任」）→CRE（Corporate Responsibility for all Ecosystems ＝「企業の生態系全部に対する責任」）、LOHAS（Lifestyles of Health and Sustainability ＝健康と持続可能な生き方）及び CR（Corporate Reputation ＝企業の評判）、を支える真の「経済の目的」を述べて、それを教育により速やかに普及することが極めて重要であることを強調しておく。

【「地球と立体空間での生態系の同時的・異時的な持続的共生の理念」】

これまで人間が宇宙空間を含めて地球のあらゆるものを思いのままに支配してきており、そして人間のなかでは覇権国とその国の支配者がその他の人達の上に君臨してきている。しかし、今や地球と立体空間における資源の減耗と汚染の度合いが限界に達しており、生態系のうち絶滅した種、又は絶滅に近い種も増えてきている折から、1992年のリオデジャネイロにおける会議以降漸く「持続的発展」の必要性が意識されてきている。

生態系のうち人間以外の動植物等は、それらの生命の危機を何らかの形で訴えてもなかなかカネに心を奪われた人間の耳目には届かないし、人間自体においてもこれから生まれてくる人間には、「持続的な、再生産が可能で汚染されていない生存環境を残しておいて欲しい」という痛切な訴えをする機会を与えられていない。それ故、既述の通り、「民主主義」（（Eco-cracy））を超えた持続的共生のための新しい理念、すなわち「生態系主主義」（（Eco-cracy））を普及する必要がある。

【同理念と宗教】

したがって、この「地球と立体空間での生態系の同時的・異時的な持続的共生の理念」（持続的共生のための「生態系主主義（Eco-cracy）」の理念）は、現在から未来に向けて、従来の人間至上主義、そして人間全体に対する人権の思想（ヒューマニズム）、あるいは人種の違いや各人の価値基準としての、一神教のキリスト教・ユダヤ教・イスラム教のほか、仏教、ヒンドゥー教等の相違をも超えた重要なものであるといえるのではないか。

一神教については、これまで人類特に欧米人によってこのような「複眼」の視点とは逆の行動により、主体生存の大前提である客体としての自然環境が破壊され汚染されて、多くの種が滅ぼされてきた大きい原因は、旧約聖書にある創世記の次の言葉にあるといえるのではないか？

神は第六日に、「……神は自分のかたちに人を創造された。すなわち、神のかたちに創造し、男と女とに創造された。神は彼らを祝福して言われた、「生めよ、ふえよ、地に満ちよ、**地を従わせよ。また海の魚と、空の鳥と、地に動くすべての生き物とを治めよ**」」(補7)。

神は万能であるから、このように人間が客体に多くのマイナスの影響を及ぼすことを予測できた筈である。それ故これらのことは、神ではなく、万能でないから適格に予測できない人間が書いたものであるといわざるを得ないのである。

ただし仏教（創始者は釈迦）・道教（同老子）と神道（八百万の神）は、「生態系主主義（Eco-cracy）」の理念と軌を一にするものである。仏教は生態系のすべての生を肯定しているから、自然環境問題が厳しくなっているときに、それは他の宗教とは異なって、宗教のなかでは最も大事なものであるといえる。

中国では天台宗を受け継いだ王陽明が「草木十石は悉く良知をもつ、禽獣草木山川土石は人ともともと一体でしかない」という。それを受けて、日本天台宗も「動物だけではなく植物にも、さらには国土にまで仏性を認め「草木国土悉皆成仏」という言葉を生み出した」との説もある(補8)。

道教も自然まで視野を広げて、「無知無欲」「無為」が理想的な行動様式であり、自然界のおのずからなありかたに従って行動することを強調する7)。

神道は、「古来あった神々への信仰が、仏教、道教、儒教などの影響を受けて展開してきた宗教」で、「森羅万象に神の発現を認める古代日本の神観念を表す」

ものであり、「自然崇拝と人格神をもった祖先崇拝などが中心的である」[8]。

　仏教については、他の宗教と同じく、上座部仏教（タイ・スリランカ・ミャンマー等）と大乗仏教（チベット・中国・日本等）に分かれている。そして重要なことは、釈迦の教えを引き継いでいるのは前者であるということである。具体的には、後者は女性は汚れているとしているが、「**仏教は本来、男性も女性も全く同じ一人の人間として平等に扱う宗教で**」あるとしている。そして「私たちの世界には不思議な救済者などいない。だから、自分の苦しみは自分の力で消さなければならない。そのためには地道で気の長い心の鍛錬が必要だ」ということになる[9]。それ故「南無阿弥陀仏」と称えさえすれば救われるというような安易なものではないのである[(補9)]。

　ヒンドゥー教は、『ヴェーダ』信仰とバラモン教を受け継ぎ、インド土着の宗教として生まれたものである。「紀元前300年頃にカースト制度とともにその原型が形成され、4世紀のグプタ朝時代に発展、定着した」もので、「基本となる信仰はカースト制度（種姓）に生まれたという輪廻からの解脱を求めるものであるが、ジャイナ教や仏教の影響を受け、また民間信仰を取り入れて教義は多彩である」とされる[10]。輪廻からの解脱とは、「永劫の輪廻の生の輪から抜け出して天上の楽土に安住すること」である[11]。

　ヒンドゥー教は多神教である。「宇宙を創造したブラフマー、宇宙を維持するヴィシュヌ、破壊の神シヴァの三神は一体であり、最高神が姿を変えてあらわれたものと考え」られている。「これらの神の信者は、それぞれの神に従って日常生活を送り、よき来世を願」い、輪廻からの解脱を目指しているという[10]。

　ここで一神教の三者と仏教とを比較すると、イエスは、ユダヤ教の指導者たちからお互いの律法観の相違により十字架に架けられたが、律法を否定していたわけではなく、「…私が来たのは律法や預言者を廃止するためではなく、完成するためである」という[12]。

　さらに、「イスラエルではメッシア（救世主）の出現を人々が期待していた。そしてイエスこそはまさしくそのメッシア（キリスト）であるという信仰からキリスト教が生まれた。……**キリストは神であるというのに対して、仏陀は理想をその身に実現した人間であるという点において根本的な差異がある**」とされる[13]。

　来世について、ユダヤ教徒は、「……唯一の創造神を信じることにたいする応

報は死後にではなく、現世においてかなうのだという、いわば現世主義こそがユダヤ教徒にとっての死生観ということになるだろう」としている[14]。

これに対して「イエスは折に触れ、神の国に入る条件と資質について語っている……譬え話でも……貧しい人が……亡くなり、天使によって神の国へ運ばれた。ほどなくして金持ちも亡くなったが、彼は地獄へ落ち」[12]という話が出てくる。

ところがコーランは、「（アッラーこそは）汝らのために大地を置いて敷床となし、蒼穹を（頭上に）建立し、蒼穹から雨を下して様々の果実をみのらせ、それで汝らの日々の養いとなし給うたお方。されば偶像のたぐいを、それと知りつつアッラーとひとしなみに崇めたりしてはならぬぞ。……その時は、かの（地獄の）劫火を怖れるがよい。……だが信仰を抱き、かつ善行をなす人々に向かっては喜びの音信を告げ知らしてやるがよいぞ。彼らはやがて潺々と河水流れる緑園に赴くであろうことを。その（緑園の）果実を日々糧として供されるとき彼らは言うことであろう。「これは以前に（地上で）私たちの食べていたものとそっくりでございます」と。それほどよく似たものを（……）食べさせて戴けるうえに、清浄無垢の妻たちをあてがわれ、そこにそうして永遠に住まうであろうぞ」という[15]。

これらに見られるように新約聖書とコーラン又はヒンドゥー教については、来世への審判又は輪廻からの解脱にあたり動植物の種の絶滅やそれらの生存域の狭隘化等の行為を咎める複眼の視点は皆無である。

これらに対して仏教では、ブッダは、弟子達の〈人間は死後も存在するかしないか〉の問いかけに対して「釈尊は答えなかった」としている[16]。

「仏教という、多くの尊格を生み、時代が求める変容に果敢にチャレンジした宗教における生と死は、草木国土という、あらゆる存在に仏性があるとする生命思想によって、世界を仏の身体とまでとらえる生命観の中で受けとめられてゆくのである。……仏教はおそらく、ゴータマ・ブッダの最初期から、生身の人間に生きる指針を指し示してきた……この生命観に根差した仏教こそが、多様性が露わになり、価値観の違いが対峙を誘発する現代の、世界の現実にたいして意味をもつのだ」[14]としていることは重要である。

【宗教の適応力】

いずれにしても宗教は、モノ、すなわち人間の生活・活動規範の側面と、ココロ、すなわちその霊的側面（死との関係）の両面を持ち、ココロの側面は変わら

ないが、モノの側面は実態の進歩に応じて変えなければならないのである。

　具体的には、ココロの側面は誰もが避けることのできない死との関係により今日まで、さらには今後も続いていくものと考えられる。しかし、モノの側面は約200年前から続く産業革命により生活実態が劇的に進歩してきている。生活・活動規範は衣服にたとえられるから、生活実態が進歩すれば衣服も子供用から大人用に変えなければ窮屈になる。察するところその窮屈さは限界にきているのではないか？　モノの側面へのかかわりによる諸資源の無駄遣いにもいろいろと無視できないものがある。

　ユダヤ教は約3000年前に、仏教と儒教は約2500年前に、キリスト教は約2000年前に、ヒンドゥー教は約1600年前に、イスラム教は約1400年前にそれぞれ成立した。それらは各々その時期における人間のモノの側面の生活・活動規範（ルールないし道徳）とココロの側面としての死（死を招くおそれのある病気や飢饉・震災・風水害等の自然災害を含む）との関係について説いたものであるが、それぞれ上記の諸問題を抱えて今日に至っている。

　上記の諸問題を解決するには、モノの側面とココロの側面を分離し、その上で前者については、生活・活動規範の不合理なところを見直して現在の生活実態に合わせる必要がある。後者については、宗教の作りだした極楽や地獄は弊害の大きい空想であるから、それらに惑わされないことが重要である。

　死ねば生まれる前に戻るのであるから、すべての生あるものは自然から来て自然に帰る（焼骨した骨は最終的には水になる）のである。そして生から死までに、生あるもののDNAを、祖先を通じ親から子・孫・曾孫等々に引き継いでいく。その過程で人間は、特別にDNA以外に生きた様を芸術品・著作物で伝えるほか、諸システム等をも残していく。それ故その生の過程は二度と得られない重要な機会であるから、その過程を途中で断ち切ってはならないのである。

　モノの側面につき、すべての人達が、このような見方をすることができれば、「複眼」の下に、真に生態系の不必要な殺生、抗争、及びそれらによる諸資源の更なる破壊や浪費を回避できるようになる。そしてココロの側面につき宗教においてこのような見方が可能になれば、すべての人達のココロも安らかになるのである。

　自然に帰るとき人間は、個人的存在としてはそのDNAを子・孫……に継承し、社会的存在としてはその発言・書き物（手紙・日記・論文・図書）等の生活・活

動規範を後世代に継承していく。このようにして人間は今日まで種族を存続してきたのである。それ故これらのことに気づいた人間が多ければ多いほど、個人的・社会的な犯罪行為（それらによる悪い生活・活動規範の継承をする人間）の数は少なくなるのではないか？

【「土地倫理」[17] と「ディープ・エコロジー」】

　故アルド・レオポルド教授は、人間個人が、「相互に依存しあう諸部分からなる共同体の一員である」という共同体を押し広げて、「土地倫理」とは、「この共同体という概念の枠を、土壌、水、植物、動物、つまりはこれらを総称した「土地」にまで拡大した場合の倫理をさす」という。

　そして「要するに、土地倫理はヒトという種の役割を、土地という共同体の征服者から、単なる一構成員、一市民へと変えるのである」としている。それは具体的には、次のような「土地ピラミッド」という捉え方をしている。

　「植物は太陽からエネルギーを吸収する。このエネルギーは、生物相という回路の中を移動していく。そして、この生物相というものも、幾つもの層から成るピラミッドとして思い描いてみることができる。一番下の層が土壌である。土壌の上が植物層、次に昆虫層、鳥と齧歯動物の層と続き、その他さまざまな動物を経て、最上段は大型の肉食動物の層という構造だ」。

　ここでは人間個人について「征服者たる人間」から「自然界の一員としての人間」を志向する。そして、「適切な土地利用のあり方を単なる経済的な問題ととらえる考え方を捨て」て、「ひとつひとつの問題点を検討する際に、経済的に好都合かという観点ばかりから見ず、倫理的、美的観点から見ても妥当であるかどうかを調べてみることだ」とする。

　哲学者のアルネ・ネスが提唱した「ディープ・エコロジー」[18] は、次のように「人間中心主義」を「より深く疑問視する態度」をいう。

　「エコロジーの野外研究者にとり、生き栄えるという等しく与えられた権利は、その存在に疑いの余地のないことが直観的に理解される価値原理なのである。この権利を人間にかぎると人間中心主義に陥ることになり、人間みずからの生の質にも望ましくない影響を及ぼす。なぜなら人間の生の質は、他の生きものと親しくつきあうことから得る深い歓びや満足にもよっているからである。われわれの存在が他の生命に依存していることを無視したり、他の生命とのあいだに主従関

係を打ち立てたりしようとするなら、われわれを自分自身から疎外することになってしまう」[18]（この考え方は筆者のそれに近いものと思われる）。

【「生命権平等主義」の問題解決の方向】

岡本裕一朗教授は、この「ディープ・エコロジー」を「生命権平等主義」、「つまり、人間を取り巻く環境の全体が、人間と同じ価値を持ち、等しく尊重されるべきだと考える」ということを現実的ではないと問題視しているが、その解決の方向までは示していない。

ちなみにこの問題解決の方向は、「生態系主主義（Eco-cracy）」の考え方に基づき、主体が継続的に生命をつないでいけるよう、自然の物質代謝を害さない範囲に客体の改変を制約することである。

【北米先住民の世界観】

有名なジャーナリスト・作家のナオミ・クラインは、世界的ベストセラー『これがすべてを変える―資本主義 vs. 気候変動』において、「初期の欧米の環境保護思想家……はしばしば、すべての生命体の相互の結びつきを重視する東洋的な自然観や、すべての生き物を人間の「親戚」と見る北米先住民の世界観に深い共感を抱いていた」という（この北米先住民の世界観は筆者の考え方に近いものと思われる）。

そして「世界中で先住民の権利擁護運動が勢力を増すにつれて……最も大きな意義があったのは、2007年に国連総会で143ヶ国の賛成を得て採択された「先住民族の権利に関する国連宣言」だ……同宣言はこう述べる。「先住民族は、自らの土地ないしテリトリーおよび資源の生産能力と環境を保全し、保護する権利を有する」」とつけ加える。

クラインは、石油等の採掘が人間のほか、海陸の動物、特にそれらすべてのものの幼い命や生殖機能に破壊的な影響を与えること、植物の「多様性が害虫や雑草を抑制する」のに、それに反する農業のあり方が極端な気象現象によるダメージを招いていることまで敷衍している（これらのことはクラインが「複眼」の視点で捉えているものということができる）。

最後にクラインは、「環境危機の核心にある世界観に代わるオルターナティブな世界観を提示することが必要」であるとして、それは「超個人主義ではなく、相互依存に、支配ではなく互恵的な関係に、上下関係ではなく協力に根ざす世界

観」であるとしている。しかし、それは「生態系主主義（Eco-cracy）」という簡潔な言葉でもっと広い意味をも表現できるのである[19]。

【「自己利益」の解釈の転換】

このように「地球と立体空間」において、「生態系の同時的・異時的な持続的共生」が必要であったのに、資本主義経済は、人間の「自己利益」のためだけの「資源の合理的配分」を目的とすることを当然のこととしてきた。

そこでは、「神の見えざる手」による市場機能に全面的に任せば、功利主義のいう「最大多数の最大幸福」が達成されるという思想の下に、資本蓄積と人間生活は、ともに狭義の「自己利益」を追求してきたが、今やその解釈の転換が緊急に求められているのである。

すなわち、経済の目的は、狭義の「自己利益」の追求にあるのではなく、最終的には、自己利益と、①他者の利益、②後世代の利益、③自然環境の保全・保存の三者とが共存するという「地球と立体空間での生態系の同時的・異時的な持続的共生の理念」が実現された下における、健康で文化的な人間生活の向上にある。それ故「自己利益」の意味を広義に捉えて、このような持続的共生のための「生態系主主義」の理念が実現されることにより、はじめて自己利益も持続的に保証されるものとしなければならないのである。

【経済成長の量より質への転換】

この経済の目的を達するためには、いつまでも経済成長を追い求めるのではなく、経済の質的転換を図って、人間生活の内容を量的にではなく質的に豊かにしていくことが必要である。具体的には、各自己が日本の戦前からの「もったいない」という素晴らしい考えを常に頭に置きながら、冷蔵庫内の管理を徹底して、食事のロスを削減し、タンス等のなかの衣類を整理し、ガス・水道・電気の使用状況を見直してそれらの節約をすることである。

このことについて広井良典教授は、第1段階の狩猟採集、第2段階の農耕につぐ第3段階の「定常型社会」を提唱している[20]。

3.「生態系主主義（Eco-cracy）」のための共感[補10]と共理

（1）自己と他者（友、上司・同僚・部下、法人、国等）との関係

自己と他者（友、上司・同僚・部下、法人、国等）との関係の「共感」と「共

理」では、1. の「友人としての①～③」が基本になるものである。

【自己と他者（友）との関係】

共感－他者（友）の感性的認識を自己の感性的認識とする。

　　他者（友）の感性的認識を自己の感性的認識とすることができれば、友の喜びを自己の喜びとすることができるし、友の悲しみや痛みを自己の悲しみや痛みとすることができる。しかし、他者には、既述のように、生活習慣・宗教・文化・伝統等における同一の文化圏の者と異質の文化圏の者の両者があるから、一般的には後者に対してそこまで感じようとしないのではないか？

　　このことは、自己と他者（友）との共通の感性的認識（これを「共感」という）であり、相手（友）への愛である。しかし、愛は、反面において憎しみをも伴うから難しいのである。このことへの対処は、次の理性的認識による^(補11)。

共理－他者（友）の感性的認識に基づく理性的認識について、共感により得られた自己の感性的認識を基にそれを自己と他者（友）との共通の理性的認識（これを「共理」という）とすることができる。この「共理」を会得するには、「民主主義」（Democracy）の理念の下に、種々の偏見と先入観を棄てて他者の心に対する共通の理解に努めることがとりわけ重要である。

　　ここにおいて他者を見るときの前提として性善説によるか、性悪説によるかが、決定的に重要な分岐点となる。人は皆、善人にもなれるし、悪人にもなれることは確かである。しかし、殆どの場合、人は、原因がなくても善人になれるが、悪人になるときは、必ず原因があるのではないか？後者の究極のケースは、飢えることによりその生命が脅かされるときである。このときにあたり、生への執着の弱い人は、諦めて餓死するかもしれないが、生への執着の強い人は、スリ・窃盗・強盗あるいは殺傷をしてでもその生命を維持せざるを得なくなるのではないか？

　　たとえば、感性的認識における他者（友でなくなった人－最近は驚くべきことに親族、特に肉親＝最も親しかるべき友の関係から変じて、他者、すなわち最も親しかるべき友でなくなった人が増え、極端には殺傷まで犯す者も出てきている）への憎しみに対しては、その他者も自己に対して必

ず憎しみを持つようになる。

　その場合には、性善説の前提に立ち、理性的認識の段階で自己がそれを止揚する（たとえばそれを超越した無の境地—「すべてのものは縁（因果）によって生じたもので無常であり、常住の本体を欠く」という「空の思想」[補12]に通じるもの—を会得する）ことにより他者の止揚を期待する。期待通りにならなくても憎しみを続けずに達観し、諸矛盾の解決のために努力する。

　その憎しみについて、一方では自己の止揚により達観（何事にも動じない心境に至ること）し、無の境地を会得しながら、他方では諸矛盾（矛と盾という対立問題）の解決のために努力することは、それ自体が矛盾している（両立し難い）ようである。しかしそうではなく、それが一番の諸矛盾の解決策（「諸矛盾対処矛盾法」とでもいうべき方法であるが、直截に「達観・努力法」という）である。

　もっとも、自己の止揚による達観の境地は、日常生起する諸矛盾の量と質にもよるが、日々諸矛盾の解決への持続的な努力を尽くして疲れ果てた後に、精神修養の結果と相まって漸く到達できるものである。

　したがって、重要なことは、一方において諸矛盾解決のための努力には限界があるから、物質的・精神的な自立に基づく個（我）の確立の下に、自己の持続的な努力と精神修養に基づく止揚により達観の境地にまで到達することと同時に、他方において諦めることなく、持続的な気力により諸矛盾解決のための努力を続けることである。

　しかしながら、思想・良心の自由等のない戦前・戦中の「治安維持法」・「国家総動員法」等の下では、そのような努力が圧殺されて、余程の人でない限り達観どころか諦念せざるを得なくなるから、その前提としては、少なくとも思想・良心の自由等（憲法19条等）が保障されなければならないのである。

【（組織のなかの）自己と他者（上司・同僚・部下）との関係】

　共感—原則として、他者（上司・同僚・部下）の感性的認識を自己の感性的認識とするべきであるが、組織のなかでは国等・公益法人・営利法人を問わず、たとえば組織の目的達成の強制や出世競争の裏返しとしての足の引っ

張り合いがあるから、これらのことは、当該組織のなかではかなりの困難を引き起こすものである。これらのことへの対処は、次の理性的認識による。

共理－自己が当該組織においても共感を持つためには、理性的認識の段階で他者（上司・同僚・部下）の感性的認識の理解に努めるほか、組織の上下関係のなかにあっても「民主主義」の理念を持つことが重要である。

　　たとえば上司が組織の目的達成のために部下（中間管理者及び担当者）に対して無理・無法等を強い続ける（パワハラをする）と、かえって彼等・彼女等の悩みを募らせ、ついにはそれらの精神に異常をきたして目的達成どころではなくなるおそれがあるし、足の引っ張り合いも目的達成にとってマイナスになるから、やはり理性的認識の段階で、1. で述べたように、もともとは個人（個体）と個人（個体）との共通の運命と共通の理解とに基づく個人（個体）同士であることを自覚して、自己が「民主主義」の理念に基づきそれを止揚する（たとえばそれを超越した無の境地を会得する）ことにより他者の止揚を期待することが大事である。

　　そのようにして期待通りにならなくても足を引っ張り続けずに達観できる人間になることである。つまり組織人である前にそういう人間になることを目指して人間としての個を確立することである。この人間としての個を確立する原点は、先ず自己の命を大事にして個（私）を生かすことである。

　　それらの部下への強制や足の引っ張り合いについては、やはり既述の通り、自己と他者との当事者の双方が、一方では自己の止揚により達観し、無の境地を会得しながら、他方では諸矛盾の解決のために努めることは、それ自体が矛盾しているようであるが、そうではなく、「達観・努力法」が矛盾の解決策として非常に重要になる。

【自己と他者（法人）との関係】

共感－法人は、以降で述べる国等や国際機関と同じく、感性的認識をすることができないから、共感を持てないということが決定的に重要である。それ故、法人が宗教の対象にはなり得ないこともあって、日本だけではなく、キリスト教をバックに持つ欧米諸国をも含めて、法人では営利法人に加えて公益法人においても不祥事件（対人と対自然環境）が絶えることなく続いているのである。

　したがって、法人の場合には、共感を持てないから、その経営者及び株主等が、事業活動においても先ず人間としての感性を働かせることにより他者（法人）の組織人と自然環境に対して「共感」を持つことが必要である。

　この観点に立てば、法人擬制説しかあり得ず、法人実在説が決定的に間違いであることが自明となる。

共理－経営者及び株主等が事業活動においても共感を持つためには、他者（法人）の組織人に対しては、理性的認識の段階において、「民主主義」（Democracy）の理念をも持つこと、自然環境に対しては、法人（営利法人と公益法人の両者）をも対象とする持続的共生のための「生態系主主義（Eco-cracy）」の理念を持つことにより、その人達の経営哲学を追加・変革しなければならないのである。

　近時には、個人（生活者）・他者（法人）の組織人と自然環境への対応において不祥事件の根絶のために CSR（企業の社会的責任）に加えて SDGs（持続可能な開発目標）等が漸く重要視されてきているが、経営者及び株主等、特に経営者（CEO）等は、さらに経営哲学＝経営理念として「民主主義」の理念に加えて、持続的共生のための「生態系主義」の理念の下に、3. で述べる CRE（企業の生態系全部に対する責任）を持って経営活動をしなければならない時代を迎えているのである。

【自己と他者（国等）との関係】

共理－自己と他者（法人）との関係について述べたことは、自己と他者（国等）との関係についても同様であるが、自己は、他者（国等）に対して、納税等の義務がある。

　4. の c. で述べるように、国等は、不合理な格差拡大問題への支援と「生態系主義」の理念の支援において重要な役割を担うものであるから、国等の責任者は、対人面では「民主主義」の理念が、そして対自然環境の面では「生態系主義（Eco-cracy）」の理念が、それぞれ実践において常に生かされるように、環境税も含めて指導的な役割を果たさなければならないのである。

（2）法人と他者（生活者、法人、国等）との関係

　法人は、既述のように、感性的認識をすることができないのであるが、法人組織の構成者という個人（個体）としては、法人と他者（生活者、法人、国等）との関係の「共理」でも、1.の「**友人としての①〜③**」が基本になる。このことは、特に法人の責任者としてのCEO等に求められるものである。

【法人と他者（生活者）との関係】

　共理−公益法人の責任者と営利法人の経営者及び株主等が事業活動においても他者（生活者）に対して共感を持つためには、不合理な格差が拡大してきている折から、理性的認識の段階で他者（生活者）に対して「民主主義」の理念を持つことがとりわけ重要である。

【法人と他者（法人）との関係】

　共理−公益法人については、その責任者が営利を追求しなくてもよいから、自己と他者（法人）との関係について述べたことは、法人と他者（法人）との関係についても同様であるといえる。

　しかしながら、営利法人については、その経営者及び株主等が事業活動において営利を追求しなければならないから、その人達が経営哲学を追加・変革して「民主主義」の理念と持続的共生のための「生態系主主義」の理念を持つ場合に、はじめて「共理」に基づく「共感」を持つことができるようになる。

【法人と他者（国等）との関係】

　共理−法人と他者（法人）との関係のうち公益法人について述べたことは、法人と他者（国等）との関係についても同様の面があるが、法人も、他者（国等）に対して、納税等の義務がある。

　国等の責任者は、公益法人については、その責任者が営利を追求しなくてもよいから、営利の追求による弊害が少ないが、営利法人については、その経営者及び株主等が事業活動において営利を追求することによる弊害が大きいから、対人面では「民主主義」の理念が、そして対自然環境の面では「生態系主主義（Eco-cracy）」の理念が、それぞれ実践において常に生かされるように、環境税も含めて指導的な役割を果たすべきである。

（3）自己、法人、国等と他物（動植物等）との関係

　自己と他物（動植物等）との関係の「共感」と「共理」については、（1）自己と他者（友、上司・同僚・部下、法人、国等）との関係において述べたことを基本とする。

　法人と国等は、既述のように、感性的認識をすることができないが、法人又は国等の組織の構成者という個人（個体）としては、法人、国等と他物（人間以外の生態系）との関係の「共理」でも、1. の「**友人としての①〜③**」が基本になるものである。

【自己と他物（動植物等）との関係】

　共感－他物（動植物等）については、その感性的認識をやはり「共感」（たとえば動物は空腹により餌を欲しがり、植物は乾きにより水を欲しがることを共感すること）により自己の感性的認識とすることができる。

　このことは、動植物等への愛である。しかし、①人間は、その生のために動植物等の生を奪うこと、②人間に害を及ぼす他物（人間以外の生態系）を駆除することもやむを得ないが、このことへの対処も、次の理性的認識による。

　共理－他物（動植物等）については、その感性的認識をやはり「共感」（同）により得られた自己の感性的認識を基にそれを自己の理性的認識とすることができる。

　そしてこのように他物（人間以外の生態系）の感性的認識を自己の感性的認識とし、それを基にそれを持続的共生のための「生態系主主義（Eco-cracy）」の理念として自己の理性的認識とすることができれば、動物や植物の生の欲求が分かるから、可能な限りそれらの生を大事にするようになり、それらの種のすべてについて絶滅の危機に追いやるおそれがなくなる筈である。

　①人間が、感性的認識としての食・衣・住等の生活において、当然のことのように他物（動植物等）の生を奪ってその生を維持していることについては、たとえば、健康を損なってまで飽食をしないこと、必要以上に天然の毛皮を着用しないこと、住居等の建物をいたずらに壊さずにできる限り長持ちさせること、稀少な動植物等を捕獲したり、廃棄物をそのまま棄

てたりすることにより自然環境を破壊・汚染しないこと等、すなわち資源の尊重と保護等が求められている。

②感性的認識における他物（動植物等）の被害を避けるための駆除のほか、娯楽のための狩猟を含めて、自己の理性的認識が不十分なために、動植物等の連鎖を断ち切ることによりかえって害を大きくすることがあることにも留意する必要がある。

他物（動植物等）に対する自己の理性的認識とは、「人間の眼と同時に動植物等の眼との複眼」で見る」、すなわち動植物の生存条件を想像して、それを各人間が理性的に各自己認識することである。その想像では、中長期的に見た動植物の生存条件を人間が悪化した場合に、その反作用として人間自身の生存条件をも悪化することも含まれるのである。

③人間がインフラを構築するに際して従来は殆どの場合に、②の「複眼」で見ることなく、人間だけの視点で自然を改変してきたことにより、やはり動植物等に重大なマイナスの影響を与えてきている。

【法人と他物（動植物等）との関係】

共理−公益法人の責任者と営利法人の経営者及び株主等が事業活動においても他物（動植物等）に対して「共感」を持つためには、理性的認識の段階で他物（動植物等）に対して「生態系主主義（Eco-cracy）」の理念を持つことがとりわけ重要である。

そして、公益法人の責任者と営利法人の経営者が、その理念に基づき各部の執行役員・中間管理職及び担当者に対する指導を継続すること、加えて営利法人の株主が、「生態系主主義」の理念を持ってそれを実践する会社の株式に継続的に投資すること（SRI ＝ Socially Responsible Investment ＝ 社会的責任投資→ RIE ＝ Responsible Investment for all Ecosystems ＝ 生態系全部に対する責任投資）により持続的共生は可能になるのである。

資本主義社会では営利法人としての株式会社のウエイトが圧倒的に大きいから、株式会社の経営者は、ステークホルダー（利害関係者）としての株主、従業員、取引先、消費者（顧客）、地域社会、行政機関等の範囲を超えて、他物としての動植物等にまで【自己と他物（動植物等）との関係】、②の「複眼」を持って、その視野を広げるべきである。

　　幸いにも最近にはSDGsが株式会社にも浸透してきているから、漸く
　　RIEの実行可能性も期待できるようになってきている。

【国等と他物（動植物等）との関係】

　共理－法人と他物（動植物等）との関係について述べたことは、国等と他物（動
　　植物等）との関係についても同様であるが、国等の責任は、極めて重大で
　　ある。

　　　国等の責任者は、対内的に持続的共生のための「生態系主主義」の理念
　　に基づき各省庁等の執行責任者・中間管理職及び担当者に対する指導を継
　　続することにより、実践においてその理念が常に生かされるよう指導的な
　　役割を果たすほか、対外的にも国際機関等において、「民主主義」の理念
　　に加えてこの持続的共生のための「生態系主主義」の理念についても各国
　　の賛同とその実践を促すべきである。

　　　幸いにも最近には、既述のように、SDGsが2015年に先ず国際機関の
　　国連のサミットで「持続可能な開発のための2030アジェンダ」に記載さ
　　れたので、日本政府も2016年12月にSDGsの実施指針を決定するに至っ
　　ている。

　以上の人間とその組織の活動が動植物等に及ぼす影響について、野生生物生態
学者・環境倫理学者である故アルド・レオポルド教授は、「植生の被害は、動物
の人工的管理の結果起こるのが普通である」としている[17]。

　たとえば「シカによる森林の食害」については、「……天敵が人為的に駆除さ
れたためにシカが増えすぎ、その食料となる植物が枯れたり再生産不能にいたっ
たのが原因である」という。このことは、その人工的管理が動植物等の相互依存
関係を見ない近視眼的な視点により失敗を招いたという重要な指摘である。

（4）自己、法人、国等と他物（無機的環境）との関係

【自己と他物（無機的環境）との関係】

　自己と他物（無機的環境）との関係については、他物が無機的環境、すなわち
主体を取り巻く生存環境としての客体であるから、自己と他物（動植物等）との
関係の「共感」に基づく当該「共理」が重要になる。具体的には、自然の周期的
活動としての噴火・地震・風水害・山火事等の場合に、各人間は自己の命と周り

の人達の命を救うほか、可能な限り他物（動植物等）の存続にも留意する。これらのうち、風水害は人間の過剰な活動によりもたらされた面も大きくなってきており、山火事は人間の失火による面もかなりある。

【法人と他物（無機的環境）との関係】

法人と他物（無機的環境）との関係については、やはり法人と他物（動植物等）との関係の「共感」に基づく当該「共理」が重要になる。具体的には、自然の周期的活動としての噴火・地震・風水害・山火事等の場合に、公益法人の責任者と営利法人の経営者は、自己と各人間の命を救って経営の存続を図るほか、やはり可能な限り他物（動植物等）の存続にも留意する。

【国等と他物（無機的環境）との関係】

法人と他物（無機的環境）との関係について述べたことは、国等と他物（無機的環境）との関係についても同様であるが、国等の責任は、極めて重大である。無機的環境は、主体を取り巻く客体としての生存環境であるから、具体的にはインフラである。インフラとは、ハード面の道路・鉄道・橋・港湾・空港・上下水道・ガス・電気・通信等の整備によるソフト面のそれらの用役の提供をいう。

自然から与えられた土地等の上に、先ず公的市場においてインフラ整備が行われ、インフラサービスの提供を前提に不動産市場において土地建物の供給が行われ、それらの不動産用役の提供を受けた産業資本・サービス資本等と生活主体によりそれぞれ蓄積活動と生活が営まれている。

しかしながら問題は、そのインフラ整備の殆どのものが、4. で述べるようにこれまで複眼の視点を欠く自然の改変により人間だけの都合で行われてきたことである。

この場合にはやはり、法人と他物（動植物等）との関係の「共感」に基づく複眼の視点に立った「共理」が重要になる。

（5）国等と他者（他国等）との関係

国等は、既述のように、感性的認識をすることができないが、国等の組織の構成者という個人（個体）としては、国等と他者（他国等）との関係の「共理」でも、1. の「友人としての①〜③」が基本になるものである。このことは、特に国等の責任者としての大統領・首相等に求められるものである。

共理－国等と他者（他国等）との関係については、人種・民族・言語・宗教・
　文化・歴史・政治権力・科学技術水準・経済水準等が異なるから、自国内
　の（1）〜（3）の諸関係とは、質的に異なる困難な諸問題が生起する。す
　なわち、古くは人種・民族・言語・宗教・文化等の相違による紛争と戦争、
　近時の植民地争奪の戦争・帝国主義侵略の戦争等（核実験・演習を含む）
　がある。

　　しかしながら、他国等の内部においても自国内と同様の（1）〜（3）の
　諸関係が存在する筈であること、すなわち他者と他物から構成されている
　ことから、他国等の広義の主権、すなわち他者の権利と可能な限り他物の
　権利を認めたうえ、（1）〜（3）の各関係毎に共感ないし共理に努めること
　により相互理解を図るべきである。

　　相互理解を図る例としては、二度の世界大戦の人的・物的消耗を経て、
　世界的には国際機関としての国際連合を成立させ、欧州では三度目の戦争
　の回避等を目指して EU を成立させ拡大させていること等があげられる。

4. 社会・自然環境の両面における不祥事件・動植物生存域の狭隘化と気候大変動への対策・支援等

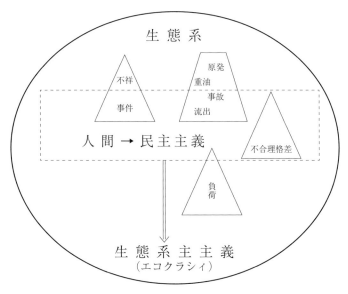

図Ⅳ－1　民主主義と生態系主主義

　不祥事件等（図Ⅳ－1）の度毎にコンプライアンスが叫ばれているが、「法令遵守」は最低限のものであり、国際的な法規制が遅れている自然環境保全とファンド（殆どが具体的な意思決定機関を持っていない）等の投機的資本—その行動自体が自然環境にマイナスの影響を与えている—の行き過ぎ抑制をも考慮に入れて行動するべき時期を迎えている。

【不祥事件】

　たとえば1950～1960年代には、イタイイタイ病・新潟水俣病・四日市公害・熊本水俣病の四大公害事件、新しくは、牛肉偽装・土壌汚染・リコール隠し・保険料の不当不払い・DFP性能データの不正操作・金融不祥事件・アスベスト飛散・フェロシルト汚染・粉飾決算・耐震偽装・証券取引法違反・防衛施設庁の官製談合・西武鉄道・カネボウ・日興コーディアル・中央青山・不二家・和歌山県・生駒市・枚方市・大林組・コムスン・社会保険庁の年金記録等の諸問題がそうであ

る。これらのほか、その後の諸問題としては、東電の原発大事故のほか、森友・加計・桜を見る会等の諸事件も起きている。

　これらの諸問題解決のための対策を立てるには、先ずその各問題毎にそれを引き起こした原因を究明して、その責任の主体を特定しなければならない。そして、大きい問題ほど全体を総括した取り組みが必要になるが、これまでこの国は、残念ながらそれらにまともに取り組んできていないのではないか？

【格差拡大と過剰債務】

　1980 年代以降、レーガンとサッチャーの推し進めた新自由主義が所得と資産の格差を拡大させて、労働分配率をもっぱら低下させ、1％対 99％の問題を顕在化させてきたことは周知の通りである。

　2008 年 9 月のリーマンショック対策としての先進諸国の金融超緩和による債務の著増、及び経済成長の著しい中国の「一帯一路」政策による発展途上国の債務の著増が、世界経済を非常に不安定なものにしてきている。

【動植物生存域の狭隘化】

　人間の居住域まで猪や冬眠前の熊等が頻繁に見られるようになってきている。それらの動物は、農作物や果物等を収穫前に食するほか、出会った人間に危害まで加えるようになってきている。人間の方は放置できないから、もっぱらそれらの動物達を駆除している。

　しかしながらそれらの動物達が人間の居住域まで出てきて人間に迷惑や危害を及ぼすようになったのは、人間による複眼の視点を欠く自然の改変により、その改変対象地域に存在した植物達の生命が奪われ、そこの動物達もそれぞれの縄張りとしての生存域を狭められ、それ故それまで当然に食することができていた植物達の実等が十分に得られなくなったからである。

　そのほか、人間の利便性向上のために道路が築造されることにより、その築造対象地域に存在した植物達の生命が奪われ、そこの動物達が獣道を寸断されて、又は渡り鳥がルートの干潟を潰されて、その道路を渡ろうとしたところを車にはねられて命を落としたり、又は干潟に飛来して餌をとれなくなったりするものまで多く数えられるようになってきている。

【地殻・気候大変動】[21]

　近年になって、スマトラ島沖地震とインド洋の大津波、米国南部を頻繁に襲う

ハリケーン、日本の東日本大震災及び大風水害等の大災害の起きる頻度が増している。これらのうち地殻変動はともかくとして、気候大変動については人為的なものとしてそれへの取り組みが次のように行われてきている。

2019 年 12 月にマドリードで国連主導の地球温暖化対策会議 COP25 が開催された。そこでのテーマは、地球温暖化に基づく海水の温度上昇と酸化による海面上昇と異常気象への対策として、CO_2 の削減により気温の上昇を 2030 年に 2 度から 1.5 度に抑えることを目標としている。

この会議に参加したグレタ・トゥンベリは、「永遠の経済成長」説を批判し、「現在のシステムの中に解決策が見つからないなら、システムそのものを変えるべきなのではないか」と主張している。「この限りある地球という有限な惑星の内部で無限の経済成長を追い求め、限りない生産と消費活動に駆り立てる経済システムの大転換が必要」なのである。

金融・投資家も「脱炭素化に向けた経済、社会の変化に対応できる企業かどうかを問う」ようになってきている。ドイツは、2018 年の段階で「発電量の 4 割が自然エネルギーを占めるまでに」なっているのに対して、日本は、石炭火力発電を続けていることによりその COP25 で環境 NGO の「気候行動ネットワーク」から二度も「化石賞」を受けるという遅れた状態にある。

【各主体の不祥事件・動植物生存域の狭隘化・気候大変動に対する責任としての CRE・NRE・IRE 及び HRE】

大手の企業資本を中心に CSR が喧伝されているが、自然環境問題が厳しくなってきている折から、CSR ではなく、範囲を広げて CSR をもそのなかに包摂した CRE（Corporate Responsibility for all Ecosystems ＝「企業の生態系全部に対する責任」）という捉え方に変えることが重要である。しかし、個別の企業資本の CRE には限界があるから、NRE（National Responsibility for all Ecosystems ＝「国等[補13]の生態系全部に対する責任」）が重要になる。

NRE については、1950 〜 1960 年代の四大公害事件（イタイイタイ病・新潟水俣病・四日市公害及び熊本水俣病）、薬害エイズ事件、アスベスト事件、及び耐震偽装事件等に見られるように、官僚が政府の社会的責任を含めた生態系全部に対する責任を常に自覚して速やかに規制措置をとって、まともに業務を遂行さえしていれば、対象になった人達と自然環境に対する被害の拡大をかなり防げた

70

筈である。

　ここではさらに、国等の限界を補うために国際機関における合意が必要であるから、IRE（International Responsibility for all Ecosystems ＝「国際機関の生態系全部に対する責任」）という新しい概念をもつけ加える。

　IRE については、1972 年夏のストックホルムにおける国連人間環境会議、1992 年 6 月のリオデジャネイロにおける「持続的発展」という思想の下に「リオ宣言」とそれに基づく行動計画としての「アジェンダ 21」を採択した国際会議（地球サミット）、1997 年 12 月の京都における重要な CO_2 削減目標を定めた「京都議定書」をもたらした第 3 回気候変動枠組条約締約国会議（COP3）等、2015 年 12 月に COP21 が開催されたパリで採択された、気候変動抑制（温室効果ガス削減）に関する多国間の国際的な協定（合意）、及び同年に新目標として採択された SDGs（持続可能な開発目標）がある。

　HRE（Human Responsibility for all Ecosystems ＝「人間の生態系全部に対する責任」）という捉え方も重要である。HRE は、実は CRE・NRE 及び IRE との原点になるものである。企業も国等も国際機関も、結局は人間の集まりであるから、何よりも先ずそれらの組織の構成員としての人間、特に責任者が常にここで述べる「経済の目的」の背後にある持続的共生のための「生態系主主義（Eco-cracy）」の理念を踏まえて活動と生活をするようになれば、CRE も NRE も IRE もそれぞれの役割を果たすことが可能になる筈である。

　したがってここでは、簡単にではあるが、各主体毎にそれらのテーマを取り上げる。

a. 生活者の行動
【不合理な格差拡大と過剰債務への対策】

　生活者における資産と所得の不合理な格差拡大に対して、自己責任論がいわれている。しかしながら、親の持つ資産の量と質の差に加えて、それらに影響を受けた教育・就業等の面における選択の幅の限界が厳然とある現実を直視すれば、とてもそのような無責任な自己責任論は、いえない筈である。

　原因なしで向上心を放棄する人間については論外であるが、人口が減少に向かっている折から、努力しても報われないことが続いて最初から諦める人間が増加し

てくることは、放置できない由々しい問題であるといわざるを得ない。

　実態の伴わない金融の大幅な増加は、モノとカネとのバランスを大きく崩すほか、必要以上に自然環境の改変を促しているから、大不況やこれ以上の気候大変動を招く前に、至急コントロールをしなければならない。

【動植物生存域の狭隘化問題への対策】

　主に発展途上国の止まることを知らない人口増加が動植物の生存域を狭め続けている。その対策としてはそれらの国における衛生水準と女性地位の向上、それらを支える教育と所得の上昇が必要である。

【自然環境・気候大変動問題への対策】

　人間生活の循環過程において、自然環境を汚染し負荷を増やし続けていることについては、たとえば生活者のゴミの選り分けや買い物袋の持参等の行動に見られるように、かなり対策がとられてきている。既述のように、自然環境を汚染し負荷を増やし続けている原因は、人間の活動と生活の構造的な変化、特に産業革命以降の人間行動の変化にあるから、これらの構造的な原因によるものについては、個々の生活者の対策には限界がある。とはいえ、原点は各人間が基本哲学としての「生態系主主義（Eco-cracy）」を自覚して、それに基づく行動をすることである。

b.　企業資本の行動

【不祥事件問題への対策】

　企業資本の不祥事件が絶えないのはどうしてなのか？　特に同じような事件が繰り返されるのは、①企業資本の体質として法令等を犯すことを意に介さないか、②対策が不十分かのどちらかである。①については、先ず CEO がここで述べた経営理念に目覚めるか、その経営理念を体した CEO に替わるかのいずれかが必要である。②については、その仕事の流れを分析して問題発生の原因を突き止めたうえ、再び同じ問題が発生しないシステムに変えることが重要である。

【不合理な格差拡大への対策】

　資産と所得の不合理な格差拡大が顕著に表れているものの原因の一つは、雇用形態における正規労働者と派遣又は請負労働者との差別である。たとえば、両者の労働条件は、同一でなければならない（同一労働同一賃金）から、CEO 等は、

そのような差別を至急に解消するべきである。

　景気が回復してきている折から、一部に正規労働者化への動きがあるが、まだまだ全体としては不十分であるから、この件については、ヨーロッパで 1999 年の EU 指令による「期間の定めのない労働者と期間の定めのある労働者を平等に取り扱うこと」が参考になるのではないか？

　しかし、不合理な格差拡大の原因は、①発展途上国、特に中国の急成長による構造的な諸製品の価格破壊と、②バブルの膨張とその崩壊による循環的な大不況にあり、しかも派遣又は請負労働者がこれほど増えてきている今日では、①の構造的な原因によるものについては、個々の企業資本の対策には限界がある。

【動植物生存域の狭隘化問題への対策】

　日本では人口が減少傾向にある折から、①都市周辺部の不要になった施設や空地（休閑中の耕地を含む）で縁辺部にあるもの、②限界集落では公的助成により纏まりのあるものにすることにしてその対象以外のもの等を自然の改変前の状態に戻すことも重要である。

　動物達の生存域についてはセンサー利用による調査も可能になっているから、改変前に縄張りや獣道を含めてそれらを把握しておくほか、対象地域の植物帯の調査も必要である。

【自然環境・気候大変動問題への対策】

　企業資本の循環過程において、自然環境を汚染しそれへの負荷を増やし続けていることについては、たとえば企業資本の LCA（製品一生の「評価」）やゼロ・エミッション（廃棄物）等の行動に見られるように、かなり対策がとられてきている。しかし、自然環境を汚染し負荷を増やし続けている原因は、人間の活動と生活の構造的な変化、特に産業革命以降の人間行動の変化にあるから、これらの構造的な原因によるものについても、個々の企業資本の対策には限界がある。

　化石燃料を燃やし続けて地球温暖化による気候大変動を招いていることについても、各国が温暖化ガス排出削減目標の引き上げに向かっていたが、2019 年 12 月の COP25 では成果文書にその機運を高める強い内容が盛り込まれるところまでには至っていない。

c．国等による「生態系主主義」の理念の支援

【国等による不合理な格差拡大問題への支援】

　既述の原因により派遣又は請負労働者がこれほど増えてきている折から、個々の企業資本の対策には限界がある。それ故、個々の企業資本では対処できないニート等の不合理な格差拡大[22]の諸問題については、国等が対策を講じる必要が出てきている。

【国等による「生態系主主義（Eco-cracy）」の理念の支援】

　個々の生活者は、その人間生活の循環過程において、「生態系主主義（Eco-cracy）」の理念を実現しようとして、ゴミの選り分けや買い物袋の持参等を試みているが、既述の原因により自然環境が汚染等され続けているから、個々の生活者ではそれらの対策には限界がある。ここで、国等による誘導が重要になるのは、次の企業資本の場合と同様である。

　個々の企業資本は、その循環過程において、「生態系主主義（Eco-cracy）」の理念を実現しようとして、LCAやゼロ・エミッション等を試みているが、既述の原因により個々の企業資本の対策には限界がある。

　たとえば表IV−1「産業資本の循環過程の明細表」で見られるように、その金融・流通・生産の諸過程でN＝n、すなわち自然の全部を回復できるコストを認識しなければならないから、その製品コストがかなり上昇することにより国際的な

表IV−1　産業資本の循環過程の明細表

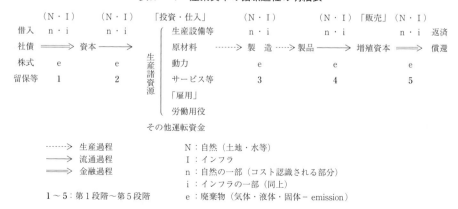

競争力が阻害されてインセンティブが弱くなる面もあるが、逆にそれを強めるための国等による誘導が重要になる。

　したがって、国等は、先ず「生態系主義（Eco-cracy）」の理念を実現するために基本法及び個別の実施法を手段とする法規制等により企業資本と生活者を支援・誘導しなければならない。

　しかしながら、「生態系主義（Eco-cracy）」の理念を実現するための一国等だけの法規制でそれに対応したのでは国際的な競争に敗退することが自明であるから、一国又は国内のある地域だけの法規制による当該理念の支援は、極めて困難であるということができる。とはいえ、生態系に及ぼす影響の大きい諸国が手を拱いて何もしないのでは、自然環境への負荷が生態系に悪影響を及ぼし続けて、ついには人間の生存条件をも揺るがすおそれがある。

d. 国際機関による「生態系主義（Eco-cracy）」の理念の支援と協定書の承認促進

【国際機関による「生態系主義（Eco-cracy）」の理念の支援】

　このように一国等だけの法規制でそれに対応するのは極めて困難であるということで、手を拱いて何もしないのでは、ついには人間の生存条件をも揺るがすおそれがあるから、この「生態系主義」の理念を実現するためには、2015年12月にパリで採択された、気候変動抑制（温室効果ガス削減）に関する多国間の国際的な協定（合意）のように国際機関による討議のうえ、それらの討議参加諸国の合意に基づく協定書を各国が承認するという手続きを踏むことが、その理念の実現を支援する必須の条件となる。

【国際機関による「生態系主義（Eco-cracy）」の理念に基づく協定書の承認促進】

　その討議にあたっては、各国毎にそれぞれ HRE を備えた各代表が、NRE をも踏まえたリーダーシップを発揮して、粘り強く当該理念を実現するための協定書の作成に漕ぎつけたうえ、所属する国内ではその承認促進に努めることが必要である。

　その協定書では、各国の競争力に応じたハンディをつけて、先進諸国はより厳しく、発展途上諸国はより緩やかにせざるを得ないが、「パリ協定」への対応の

ように、影響力の大きいアメリカが脱退するのは、「中射程、及び短射程ミサイルを廃棄するアメリカ合衆国とソビエト社会主義共和国連邦の間の条約」を破棄して中距離巡航ミサイルの発射実験を実施したこととともに、まさに生態系全体への犯罪行為をしているといわざるを得ない。

【国際機関による具体的協定】

国際機関による具体的な協定としては、「パリ協定」前の2013・2014年には「温暖化が「地球規模で目に見える影響を及ぼし始めた」とする「国連の気候変動に関する政府間パネル（IPCC）」の統合報告書（①自然科学的根拠、②影響・適応策、③削減策に関する三つの作業部会報告書）が作成された。それは国際的な温暖化対策を決定する際に科学的な根拠として重視される。その報告書は、「（動植物の）種の最大30％で絶滅のリスクが高まる」ということも指摘している[補14]。

環境対策以外の国際機関による具体的な協定としては、次に述べるWTO・FTA・EPA等があるが、そこに見られるように、それらはいずれも多国籍企業の利益を最優先する機関であるから、生態系主主義（Eco-cracy）に沿っていないものであることに留意する必要がある。

とはいえ、生態系主主義（Eco-cracy）のための企業責任を果たすことが「投資に見合うことを裏づけるデータが増え続けている」ことに、CEO等は目を向けるべきである。

【WTO・FTA・EPAと環境】

WTO（世界貿易機関）は、GATT（関税及び貿易に関する一般協定）を1995年にモノの貿易に加えてサービスと知的所有権を含めた世界の貿易を統括する機能と法的資格を持つものとして改組された機関である。

しかしながら、この機関は、貿易等の自由を環境規制よりも優先するものであるから、シアトルの会議ではそれに反対する大規模のデモに遭遇していた。

FTA（自由貿易協定）は、二国間又は地域間（多国間）の協定により、モノの関税や数量制限等の貿易面のほか、貿易外のサービスや資本取引の投資等も含めた広範囲の分野での取引の自由化を目指すものである。これは、WTOを補完するものとされている。

EPA（経済連携協定）は、FTAの要素に加えて、知的所有権、政府調達、競

争政策、中小企業協力等も対象分野に含むものである。しかし、厳密には、これと FTA とを区分することは困難であるとされている。

EPA については、アジアの国々（タイ・フィリピン等）に対する有害廃棄物の輸出促進により「環境や人々の健康に深刻な被害を与える」面があったため、1989 年の「バーゼル条約」及び 1995 年の「バーゼル禁止修正条項」が採択されている。

しかしながら、前者は、日本を含む 160 か国以上により批准されて発効しているものの、後者は、日本・米国・韓国・オーストラリア等の強硬な反対により、批准国は 63 か国に止まってまだ発効していないという憂うべき状態におかれている。

TPP（環太平洋パートナーシップ協定）は、太平洋を囲む国々が輸入品の関税をなくしたり、人やお金の行き来をしやすくしたりして、自由な経済圏を作る取り組みである。その枠組みを作るため、対象は 21 分野あり、知的財産、政府調達（公共事業）、金融、物品の市場参入（関税撤廃）等である。参加国は日本を含め 12 か国で、2015 年 10 月 10 日にアトランタ会合の秘密交渉で大筋合意に達したとされている[23]。

しかしながら、それは「アメリカ国益を中心にテーマごとに対象国との交渉が展開する、重層的二国間協定に近いもの」で、憂慮すべきものであるといわれている[24]。

【SDGs（持続可能な開発目標）】

国際的には、さらに 2001 年の開発途上国の課題解決を目指す「ミレニアム開発目標（MDGs = Millennium Development Goals）が策定された。そして 2015 年にはその後継として、国連サミットで「持続可能な開発のための 2030 アジェンダ」に記載された「持続可能な開発目標（SDGs = Sustainable Development Goals）という持続可能な世界を実現するために次の 17 のゴールという新しい国際目標が採択されている。

1. 貧困をなくそう
2. 飢餓をゼロに
3. すべての人に健康と福祉を
4. 質の高い教育をみんなに

5. ジェンダー平等を実現しよう

6. 安全な水とトイレを世界中に

7. エネルギーをみんなにそしてクリーンに

8. 働きがいも経済成長も

9. 産業と技術革新の基盤をつくろう

10. 人や国の不平等をなくそう

11. 住み続けられるまちづくりを

12. つくる責任・つかう責任

13. 気候変動に具体的な対策を

14. 海の豊かさを守ろう

15. 陸の豊かさも守ろう

16. 平和と公正をすべての人に

17. パートナーシップで目標を達成しよう

【5つの主要原則】

　これらについて日本政府は、2016年12月にSDGs実施指針を決定し、広範な施策や資源を効果的かつ一貫した形で動員していくことを可能にするために、次の「5つの主要原則」を定めている。

1. 普遍性　国内実施と国際協力の両面で率先して取り組む。

2. 包摂性　誰一人取り残さない。国内実施、国際協力のあらゆる課題への取組において、人権の尊重とジェンダー平等の実現を目指し、子供、若者、高齢者、障害者、難民、国内避難民など、脆弱な立場におかれた人々一人一人に焦点を当てる。

3. 参画型　脆弱な立場におかれた人々を含む誰もが持続可能な社会の実現に貢献できるよう、あらゆるステークホルダーの参画を重視し、全員参加型で取り組む。

4. 統合性　経済・社会・環境の三分野の全てに、複数のゴール・ターゲットの相互関連性・相乗効果を重視しつつ取り組む。

5. 透明性と説明責任　取組状況を定期的に評価し、公表・説明する。

【経団連の企業行動憲章】

　経済界の指導的な立場にある経団連は、国際統一目標のSDGsの採択を見て、2017年11月8日に次の10原則を内容とする企業行動憲章の第5回改訂を行っている。

1.　持続可能な経済成長と社会的課題の解決

2.　公正な事業慣行

3.　公正な情報開示

4.　人権の尊重

5.　消費者・顧客との信頼関係

6.　働き方の改革

7.　環境問題への取り組み

8.　社会改革と発展への貢献

9.　危機管理の徹底

10.　経営トップの役割と本憲章の徹底

【SDGsの問題点】

　しかしながら、これらの「17のゴール」、日本政府の「5つの主要原則」及び経団連の「企業行動憲章」について、「生態系主主義」（エコクラシィ）に基づき「人間の眼と同時に動植物等の眼との複眼で見る」と、それらはまだまだ「人間の眼」から見ただけの、それ故人間本位に決められている面が強いといわざるを得ない。

　具体的に指摘すると、それらの殆どのものが、人間社会に関するものばかりであり、自然環境に関するものは、僅かに「17のゴール」では13.〜15.、「5つの主要原則」では4.、及び「企業行動憲章」では7.に環境があるのみである。

　「17のゴール」の8.の後半にある「経済成長」は、少なくとも先進諸国ではもはや量的な成長ではなく、質的な充実を図るべき時代を迎えているのではないか？　たとえば、それらの国では道路・鉄道・橋梁・トンネル・港湾・ダム等の公的なインフラが疲弊して、死傷事故まで起こしてきているから、優先してそれらの維持・補修に予算を割くべきである。

　「17のゴール」の13.〜15.、「5つの主要原則」の4.、及び「企業行動憲章」の7.についても、「人間の眼と同時に動植物等の眼との複眼で見る」ことをして

いないから、本当の意味での自然保護にはまだまだ気づかれていない事象が多い
のではないか？

（2020.4.19）

補注

（補1） a）言語生態学者の鈴木孝夫名誉教授は、「人間はこの地球上のすべての命あるものとの共存共
助の輪でつながっているのだ、人間だけにこの世で他を押しのけて生きる権利があるのではない」
とし、「現在の私が最終的に到達したのは、世界を人間の目、人間の立場からだけで見るのはも
う止めようということ、人間もあくまでも地球上の生物の一種にしかすぎないのであり、動物と我々
は仲間なのです。そういう観点に立って他の動物の目で人間を見るとどう見えることか、これが
おそらく最高の自己客観化になるでしょうという」（前者は同著『日本の感性が世界を変える』
新潮選書 2014.9 p.27。後者は同著『世界を人間の目だけで見るのはもう止めよう』冨山房インター
ナショナル 2019.10 p.42）。

　同名誉教授は、前著ではさらに、アラル海、タリム川、ヴィクトリア湖の教訓を取り上げて、「自
然大改造は人間の思いあがり」であると厳しく指摘している（p.24 以降）。

　しかしながら同名誉教授は、それらの説明のなかで「複眼」や「生態系主主義（Eco-cracy）」
という象徴的な言葉まで使えていないことが残念である。

b）立命館大学スペシャルサイトで森智子氏は、「植物の「目」の役割をしているのはタンパク
質で……植物の体の中には、赤い光に反応する「フィトクロム」っていうタンパク質とか、青い
光に反応する「フォトトロピン」っていうタンパク質がある」という。http://www.ritsumei.
ac.jp/tanq/358337/

c）斎藤幸平准教授は、最近の話題書『資本主義の終わりか、人間の終焉か？未来への大分岐』
において、次の三者との対談を試みている。

①天才哲学者 マイケル・ハート（MH）との対談

　MH は、「〈コモン〉とは、民主的に共有されて管理される社会的な富のこと」であるとし、「土
地を私的所有ではなく〈コモン〉として考えてみる、……さらに進めて、地球というエコシス
テム全体を〈コモン〉として考えたい」という。

　そして「地球を財産としてではなく、〈コモン〉として考えるということは、「みんなで共に
地球のケアを行い、地球に責任を持つ」と同じこと」であると説明している（同准教授編著『上
記図書』集英社新書 2019.11 － 初版 2019.8. p.63、p.69、pp.76-77）。

②政治哲学者 マルクス・ガブリエル（MG）との対談

　MG は、「自然科学の領域におけるもので、必然的なものは何もありません。生物の進化が長
期にわたってゆっくり起きるように……さらに、社会的なものを偶然性や歴史性と連想づける
のも問題含みです。というのは歴史においても長期的な過程というのが存在するから」……さ
らに「少しのあいだ、自分自身であることは忘れ、自分を抽象化して、他人の視点から見てく
ださい」という。

　そして「民主主義こそが、普遍的に妥当する規範システムに他なりません。」とつけ加えて
いる（同書 p.172、p.211、p.216）。

③経済ジャーナリスト ポール・メイソン（PM）との対談

　PM は、「情報技術の発展によって、利潤の源泉が枯渇し（①）、仕事と賃金は切り離され（②）、生産物と所有の結びつきも解消され……（③）、そして、生産過程もより民主的なものに……（④）」なり……「その結果生じるのは、人々が強制的・義務的な仕事から解放され、無償の機械を利用して必要なものを生産する社会」であり、「持続可能な協同型経済の完成形が、ポストキャピタリズム」なのだという。

　そして「むしろ大事なのは、仕事以外の生活・人生があることを人々に伝えること……雇用創出にこだわるのではなく、人間性に重きを置いた生活をつくり出すことのほうが重要」であるとつけ加える（同書 p.255、p.277）。

　斎藤准教授は、これらの①〜③に共通するものとして、「自由、平等、連帯、そして民主主義」という価値に重きを置いているという（同書 p.337）。これらすべてに見られるように、①では「地球のケアー」という言葉も出てくるが、殆どのものは人間に関するものばかりであり、「複眼」の視点を欠いているものといわざるを得ない。

（補2）Ⅳ.－2.の【北米先住民の世界観】参照。

（補3）「人間存在に関する限り、これらふたつ（権利と義務―筆者追加）の観念の間には対称が保たれている。すなわちおのおのの主体は他の主体の権利を尊重する義務があるということである。しかし人類という枠を超えると、この対称はもう存在しません。「自然の権利」という観念は、潜在的にそれと対称的な「自然の義務」という観念を伴ってはいないのである」（オギュスタン・ベルク著 篠田勝英訳『地球と存在の哲学』ちくま新書 1996.9 p.71）。

（補4）仏教では、「生・老・病・死」の順になっているが、病は、必ずしも老いてからのみなるものではないし、病を得ても回復する場合が多いから、ここでは病を老よりも順序を先にしてある（高田佳人著 ジェームス・M・バーダマン訳『英語で話す「仏教」Q＆A』講談社インターナショナル 2006.8－初版 1997.11. p.62）。

（補5）B. R. アンベードカル著 山際素男訳『ブッダとそのダンマ』光文社新書 2004.8（下）p.3、（上）p.211、及び雲井明善著『万人に語りかけるブッダ』NHK ライブラリー 2003.11 p.65。宗教と道徳との関係については、リチャード・ドーキンス著 垂水雄二訳『神は妄想である』早川書房 2007.7－初版 2007.5。

（補6）ａ）アダム・スミスは、「われわれが自分自身を愛するのとおなじく、われわれの隣人を愛するということが、キリスト教の偉大な法であるように、われわれがわれわれの隣人を愛するのとおなじにしか、われわれ自身を愛さないということは、自然の偉大な戒律である」としている。

　ｂ）同氏は、「同感」の期待について、「友人」と「ふつうの知人」さらに「見知らぬ人々の一集団」というように区別しているが、ここでは敢えてそのような区別も設けていない（1・2とも同著 水田洋訳『道徳感情論（上）』岩波文庫 2004.8－初版 2003.2 p.64、p.59）。

　（補足）ジェレミー・リフキンは、「グローバリゼイションが展開される現代の第二の近代化において……宗教からの個人化（「自分自身の神」）が成立」する。これは第一の近代化で成立する「宗教的普遍主義」から第二の近代化で可能となる「宗教的コスモポリタリズム」であるという（（補7）の岡本裕一朗著書 p.251）。

（補7）山下正男著『思想としての動物と植物』八坂書房 1994.8 p.324。山下正男氏は、「人間の……自然破壊、環境破壊の思想的根源をいち早く指摘し、それをユダヤ・キリスト教の伝統の責任だとしたのは鈴木大拙であった。かれは聖書に表わされた人間優位の思想が、自然の征服、自然の冒瀆

にまでいたりついたとした。そしてこうしたヨーロッパの危険な思想に対し、東洋の禅の思想こそ、現代の環境危機をくいとめるものだと主張した」としている。

　このことについて、岡本裕一朗教授は、科学史家の故リン・ホワイト教授が「かって人間は自然の一部であったにもかかわらず、18 世紀の半ばには、「価額」と「近代技術」が融合することによって、人間が自然を搾取するようになった」とし、さらに「キリスト教は人間中心的な宗教であり、人が自分のために自然を搾取することが神の意志である」としているという（岡本裕一朗著『いま世界の哲学者が考えていること』ダイヤモンド社 2016.10. pp.275-276）。

　岡本裕一朗教授は、さらに、アンディ・クラーク教授がデカルト以来の「心の領域と身体の領域の区別」を止めて、「人間のあり方（現存材）を捉え直し……人間を「脳と身体と世界」の連結されたシステムにおいて理解しよう」としているという（同書 p.69）。

（補8）やすいゆたか担当『宗教のときめき』23「山川草木悉皆成仏」と梅原猛。そこでは「人間は人間だけにひどいことをして怨みをいだかれているのではなく、動物や植物や大地に対しても、大虐殺、大伐採、砂漠化、コンクリート化とかまあえげつない破壊を文明の進歩の名のもとに当然のごとくやって」きたという。http://yutakayasui.html.xdomain.jp/tokimeki/23sansensoumoku.htm

（補9）白取春彦氏は、「観音菩薩が救ってくださるという浄土に今すぐ行きたいという切望が生まれて……18 世紀まで千年近く……海に身を投げることによって浄土にたどりつくという体裁をとった」という「自殺」幇助の面もあったとしている（同著『この世に「宗教」は存在しない』ベスト新書 2017.10 p.169）。

（補10）共感について、文明評論家のジェレミー・リフキンは、「私たち人類を駆り立てる一時的動因である」……「共感を覚える能力があればこそ、私たちはしっかりと統合された社会に組み込まれ、自分の延長として相手に接することができる」。そして「……あなたや私が、他の人間であれ他の生物であれ他者に共感を抱くとき、そこには相手にいずれ訪れる死の気配と、目の前に存在する命に対する称讃が漂っている」……「他者に共感するとは、自分の命に対するのと同じように相手の唯一無二の命を認識すること—それが文明社会を生きる人間であれ、森の中で暮らすシカであれ、彼等の時間も自分の時間と同じく、巻き返しも繰り返しもできず、制覇はかなく、不完全で、困難なものであると理解することだ」という（同著 柴田裕之訳『限界費用ゼロ社会』NHK 出版 2016.2 - 初版 2015.10 pp.432-433、pp.468-469）。

（補11）感性的認識と理性的認識については、毛沢東著 尾崎庄太郎訳『実践論・矛盾論』国民文庫 1954.11 - 初版 1952.10 のうちの「実践論」参照。これらの言葉の元になるのは、カントの感性と悟性（知性）である。感性とは、「外界の刺激に応じて、なんらかの印象を感じ取る認識能力」であり、悟性とは、「感性と共同して認識を行う能力」である（出口治明著『哲学と宗教全史』ダイヤモンド社　2019.9 - 初版 2019.8 p.354）。

（補12）宮元啓一教授は、「仏教は、人生が苦であるとしっかり認識するところから出発する」から、般若心経では、「「色即是空……つまり自他の心身への執着を離れよ」という（同著『般若心経とは何か』春秋社 2004.4 p.39、p.109）。

　また、玄侑宗久氏は、「「個」の錯覚が元になった自己中心的な世界の眺めは、このもう一つの「知」である「般若」の実現で一変する……。絶えざる変化と無限の関係性が「縁起」として実感され、あらゆる物質も現象も「空」という「全体性」に溶け込んだ「個」ならざるものとして感じられる。そのとき人は、「涅槃」と呼ばれる究極の安らぎに到り、また「しあわせ」を感じる」という（同著『般若心経』ちくま新書 2006.11 - 初版 2006.9 p.14）。

（補13）政府ではなく国等としたのは、英米系と異なり、日本とドイツでは、政府は内閣及び行政機構だけを意味するからである（『広辞苑』参照）。また、個人ではなく人間としたのは、人類全部の責任という意味を込めたからである。

（補14）この「報告書」を纏める過程で、「環境重視の欧州が、温暖化対策に慎重な米国や中国に押し切られ、温暖化の影響を予測した数値は大幅に縮小・削除された」という由々しい問題も伝えられている（「国連パネルが報告採択」「国連パネル報告」『日本経済新聞』2007.4.7付）。

注

1）建部好治著『新しい企業経営と財務』清文社 2006.10 pp.2-6、p.299、pp.14-15。同論文「第三者資本主義から仲間協同組合主義へ」『証券経済学会年報』第 52 号別冊 2018.6 の「8．おわりに」。

2）「世界経済は、拡大を続けながら膨大な汚染を生み出しており、国際社会がこれから取り組まなければならないのは、エネルギーや食料生産がやがて直面するであろう限界より、もっと根本的な制約、つまり汚染を吸収しながら経済の拡大を支える地球の生態系の容量である」といえる（クリストファー・フレイヴィン編著 浜中裕徳ほか監修『地球白書 2006-07』ワールドウォッチジャパン 2006.6 p.27）。

3）鈴木孝夫著『日本の感性が世界を変える』新潮選書 2014.9 p.27。

4）斎藤慶典著『哲学がはじまるとき』ちくま新書 2007.4 p.55。

5）土井健司著『キリスト教を問いなおす』ちくま新書 2003.8。

6）片倉もとこ著『イスラームの日常世界』岩波新書 2005.5 - 初版 1991.1。

7）金谷 治著『老子』講談社学術文庫 2007.6 - 初版 1997.4 p.251、p.21。

8）https://kotobank.jp/word/%E7%A5%9E%E9%81%93-82299 https://kotobank.jp/word/%E5%85%AB%E7%99%BE%E4%B8%87%E7%A5%9E-874603

9）佐々木閑著『出家的人生のすすめ』集英社新書 2015.8 pp.88-89、p.21。

10）世界史用語解説ヒンドゥー教 https://www.y-history.net/appendix/wh0201-068.html「ヒンズー教は宗教ではなく生き方」という。「ヒンズー至上主義」『朝日新聞』2024.5.4付。

11）荒松雄著『ヒンドゥー教とイスラム教』岩波新書 1988.11 - 初版 1977.5 p.49。

12）船木弘毅著『図説　地図とあらすじでわかる！イエス』青春新書インテリジェンス 2009.12 p.139、p.182。

13）渡辺照宏著『仏教』岩波新書 1999.5 - 初版 1974.12 p.46。

14）久保田展弘著『さまよう死生観 宗教の力』文藝春秋 2004.3 p.104、p.85。

15）井筒俊彦訳『コーラン 上』岩波文庫 1999.6 - 初版 1957.11 pp.14-15。

16）雲井昭善著『インド仏教』平河出版社 1980.7 - 初版 1978.12 p.183。

17）アルド・レオポルド著 新島義昭訳『野生のうたが聞こえる』講談社学術文庫 1997.10 pp318-319、pp.333-334、p.346、p.349、p.267。

18）（補7）の岡本裕一朗著 pp.279-281。

19）ナオミ・クライン著 幾島幸子・荒井雅子訳『これがすべてを変える—資本主義 vs. 気候変動』（上・下）岩波書店 2017.9 - 初版 2017.8 p.251、p.504、第 13 章、p.618。

20）広井良典著『ポスト資本主義』岩波新書 2015.6 p.vi、pp.1-2。

21）「気候クライシス」『世界』岩波書店 2019.12 号 p.95、斎藤幸平論文「気候危機の時代における資本主義 vs 民主主義」『世界』岩波書店 1 号 2020。

NHK NEWS WEB　https://www3.nhk.or.jp/news/html/20191202/k10012198391000.html

22）文春新書編集部編『論争 格差社会』文春新書 2006.10 － 初版 2006.8。

23）「環太平洋経済連携協定（TPP）」『朝日新聞』2013.7.25 付。

24）「ダボス会議閉幕 自由貿易に危機感　トランプ氏へ警戒強く」『日本経済新聞』2017.1.21 付。

V. マルクス『資本論』の循環過程への
自然環境問題の取り入れ

1. 理論的基礎は擬制資本論

　経済学には周知のように古典派から分かれた主要な三つの流れ、すなわち新古典派、ケインズ、及びマルクスがある。土地・不動産は、一般商品とは異なり、それらの価格は、種々の法規制が働く市場の下で形成される非常に複雑な経済現象であるから、当該三つの流れのすべてを弁えたうえ、実証によりそれらの有効性を検証しなければならない。

　そして当該検証により、それらのうち土地・不動産価格の分析を現象論に止めることなく、本質論まで深めるためには、前二者ではなく、マルクスが有効であるといえる（時代の制約（たとえば暴力革命論に対して筆者は「生態系主主義」（エコクラシィ）の理念を打ち出している）があるが、資本の運動を立体的に捉えて本質に迫るところは今でも説得力がある）。

　というのは、本来土地自体が自然から与えられたタダのものであるから、それらを擬制資本（架空資本）として捉える必要がある。その擬制資本については、マルクスの『資本論』からヒルファディングの『金融資本論』を経て、擬制資本の考え方を具体的に株式に適用した川合一郎博士の『株式価格形成の理論』等があるから、それらについて系統的に学ぶ必要性を強調しておきたい。

　筆者は、これらの理論に基づいて日本のバブル景気の最中に「地価高騰が異常なバブルであること」を見抜いて、1989 年 11 月の日本不動産学会でその旨の報告をしている。

　当時殆どの経済学者のほか政策当局者、金融機関・不動産業の経営者、メディアの担当者等は、この異常なバブを見抜けなかったのであるから、それまで身につけていた理論が役立たなかったことを猛反省して、それを見抜いた理論に謙虚に耳を傾けるべきであるのに、それができていないのはどういう理由によるのであろうか？

土地・不動産価格に接近するために、一般的にはもっぱらヘドニック法等の統計的分析に頼っているが、それらは、一定時点の横の土地・不動産価格バランスを見るときは有効であるとしても、予測、特に土地・不動産価格の転換点を見ることには、無力なものであるといわざるを得ない。それらよりも簿記・会計学・経営学のほか、哲学・法学等に対する理解も必要であることもここでつけ加えておきたい。

　そのような考えの下に論述した前回出版の図書『不動産価格バブルは回避できる』（末尾の著書）における関連箇所（「はじめに」のP.8 〜 9）を記述すると、以上の通りである。

2.「生態系主主義」（エコクラシィ）と経済の目的

【地球と立体空間での生態系と人工物】

　「地球と立体空間での生態系と人工物」の有姿については、図Ｖ−１の通りである。この図に見られるように、今から約１万５千年ないし１万年前に人間が農耕（東南アジアにおけるバナナ栽培根栽農耕ないし西南アジアの山麓地帯—ナイル下流・パレスチナ・シリア・北イラクを結ぶ「肥沃なる三日月地帯」—における穀物農耕）を始める[1]以前の大気圏には、地中・地上（河川・湖沼・池等を含む）と海中に動植物（鳥類はこのなかに含まれるから括弧をつけてある）が、そして海上に鳥類がそれぞれ生存するだけであった。そして、地球を取り巻く宇宙空間は自然のままであり、地中には鉱物が長年にわたって形成され埋蔵されたままであった。

【人間中心主義の自然破壊】

　「民主主義」は、古代から人間中心主義を進めてきた。人間が農耕を始めて以後、この人間中心主義は、近代以降の自然科学の発展、すなわち自然法則の解明の進展とともに、加速度的に生産力を向上させること（特に産業革命）により、この僅か約200年の間に[2]、人工の埋立地を含めて、地上と地中には建設物が、海上と海中には船舶が、大気圏には飛行機等が、宇宙空間には人工衛星が、それぞれ人工物（二重枠のもの）として廃棄物を伴いながら増大し続けて、それらは生態系に大きいマイナスの影響を与えるに至っている。しかも、地中に埋蔵された鉱物の一部（石油等）は、その量的質的限界にもかかわらず、人類により近い将来

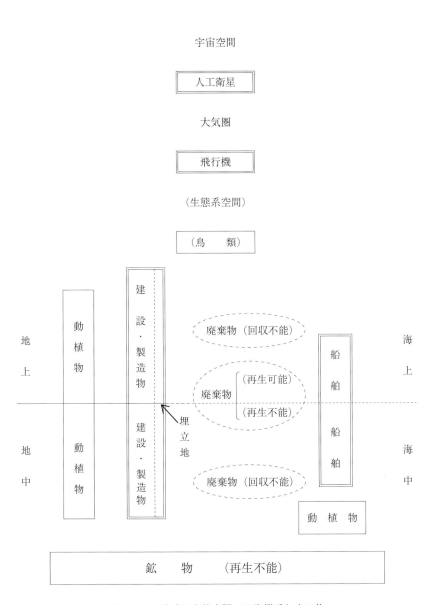

図V－1　地球と立体空間での生態系と人工物

に堀り尽くされようとしているという問題、すなわちその量的増大の継続から質的変化（悪化）を招いてきている。

【「地球憲章」】[3)]

このような自然環境問題に対して、ブルントラント委員会は、1987年の報告書「我ら共有の未来（Our Common Future）」において、「環境問題の解決には、条約や法令だけでは不十分で、人々の考え方、行動そのものを変えるような哲学、倫理観、行動規範が必要だという考え方」に立って、地球憲章の作成を呼びかけた結果、2000年に「地球憲章」が誕生している。そのなかでは、①生命共同体への配慮、②生態系の保全、③公正な社会と経済、④民主主義、非暴力と平和等が述べられている。

これについて、「民主主義」の下では、人間だけの自由と平等しか視野に入らないから、人間を含めた生態系（動植物等）全体を視野に入れる、次の「生態系主主義」が「地球憲章」のいう哲学、倫理観、行動規範に相応しいものであることを強調したい。

【「生態系主主義」（エコクラシィ）】

拙著・拙論では、「民主主義」を超え、それを含むものとしての「生態系主主義」（エコクラシィ）の理念を打ち出している[4)]。そこでは「地球憲章」に対してこの理念を強調している[5)]。

『広辞苑』によると、Democracy（民主主義）は、ギリシャ語 demokratia で、demos（人民）と kratia（権力）とを結合したものである。つまり "Eco-cracy" ＝「生態系主主義」（エコクラシィ）とは、過去はともかくとして、現在から将来に向かっての生態系全部の支配的な権利を認めること、すなわち人間が自己の生のために生態系の生を利用させてもらっていることを自覚し、自然の持続可能な物質代謝の法則を最優先して、生態系の一部にすぎない人間とその他の生態系全部との共生を最重要視することである。

生態系全部の生きる権利の内容には、①生態系全部の本能としての生きる権利と、②そのなかに含まれる人間の主体的な権利（義務を伴うもの)[6)]との両者がある。そして、人間の主体的な義務は、人間の主体的な権利だけではなく、人間以外の生態系全部の本能としての生きる権利をも可能な限り大事にすることである。こうしてこそ真の意味において持続的発展（Sustainable Development）も

可能になるのである。

　そして、生態系全部についても、いうまでもなく、それらの生が受け継がれていることにより、人間の生も受け継がれてきているのである。

　したがって、「民主主義」、すなわち人間と人間との関係として捉えてきたものを「生態系主主義」（エコクラシィ）、すなわち自己又は人間と生態系全体との関係として捉え直す必要がある。

【太陽エネルギーと物質代謝】

　エンゲルスは、その著書『自然弁証法』で「我々は一切の能動的運動をば、太陽による斥力（エネルギー）の伝達に負うものだと考える」としている[7]。換言すると、「太陽エネルギーは地球上を通過する。ただし、植物に補足された一部のエネルギーが生態系を一巡する間だけ、地球上の生物を生かしている」。そして「植物は光合成によって、地球上の生物が生きていくためのすべてのものをつくりだして」いて、このことが自然の持続可能な物質代謝を支えている[8]。

　しかしながら、地球の気候変動、特に雨の降り方の変動は、植物の生存を脅かす事態を招いている[9]。そして植物の生存を脅かす事態が続くと、人間を含めて地球上のあらゆる生物の生存も危うくなる。それ故、植物の持続的な生存に支えられた、廃棄物による汚染のない**自然の物質代謝の持続**だけが、地球上の生態系の存続を可能にするのである。

【「地球と立体空間での生態系の同時的共生」】

　「地球と立体空間での生態系の同時的な持続的共生（Sustainable Symbiosis）」とは、「生態系主主義」の理念の下に、地球を取り巻く宇宙空間を含めた良好な自然的条件を維持しつつ、①マクロとしては、国内面では、環境適合的な不断の技術革新の下に GDP（国内総生産）を持続的に成長させ、その成長とともに上昇する給与・年金等の下で、他者の雇用を維持し、労働時間等の拘束時間を短縮して、余暇時間を多くし、社会的・経済的弱者をも保護すること等であり、国際面では、他者としての諸外国（先進諸国及び発展途上国等）と共生することである。

　GDP の持続的な成長の内容は、先進諸国については、当該諸国の社会が地球環境へかけている圧力及び当該諸国の支配している技術及び財源の観点から、環境の保全・保存を持続的な成長と不可分のものと認識することである[10]。具体的には、低成長の下でフロー（年々の流れ）とストック（蓄え）の量的内容を見直

して、それらの質的内容を追求することである。

　諸外国との共生の内容は、特に先進諸外国との関係では、労働時間が先進諸外国をかなり上回っている下での輸出超過について、フェアーでない面もあるということである。

　発展途上国との関係では、ODA（公的開発援助）等を通してそれらの国の生活水準の向上に資することである。この場合、目的通りに末端までその開発援助が届いているかが重要であるから、当初の企画における計画樹立から、実施後の事後検証まで必ず行うようにしなければならない。

　②ミクロとしては、各個人がお互いに他者の足を引っ張ることなく、各個人の年齢と能力等に応じた給与・年金等による生活の内容を質的な意味で持続的に成長させるとともに、余暇時間を増加させ、心身ともに健康を維持してその生活を文化的に向上させることである。

　現状は、非正規労働者が全労働者の1/3を超えているという継続雇用の不安定な状態の下におかれているから、残念ながら、心身ともに健康を維持してその生活を文化的に向上させることからは、ほど遠いのではないか？

【「地球と立体空間での生態系の異時的共生」】

　「地球と立体空間での生態系の異時的共生」とは、はるか過去の、人間が農耕を始める前と同じようにというわけにはいかないとしても、未来に向けて、「生態系主主義」（エコクラシィ）の理念の下に、地中・地上と海中の動植物が、そして地上と海上に生息する鳥類が、すなわち他者としての生態系が保全・保存され、地球を取り巻く宇宙空間を含めて自然の物質代謝が維持されている良好な自然的条件を、他者としてのわれわれの生が終わった後における今後の世代の人々に、引き継いでいくことである。

【「地球と立体空間での生態系の同時的・異時的共生」を目指す「生態系主主義」（エコクラシィ）の理念】

　これまで人間が宇宙空間を含めて地球のあらゆるものを思いのままに支配してきており、そして人間のなかでは覇権国とその国の支配者がその他の人達の上に君臨してきているが、今や地球と立体空間における資源の減耗と汚染の度合いが限界に達しているから、この「地球と立体空間での生態系の同時的・異時的共生」を目指す「生態系主主義」（エコクラシィ）の理念は、現在から未来に向けて、

従来の人間至上主義、そして人間全体に対する人権の思想（ヒューマニズム）、あるいは各人の価値基準としての、キリスト教・ユダヤ教・イスラム教・ヒンズー教・儒教・仏教等をも超えた重要なものである。

【経済の目的と「自己利益」の解釈の転換】

このように「地球と立体空間」において、「生態系主主義」（エコクラシィ）の理念の下における「生態系の同時的・異時的共生」が必要であるのに、資本主義経済は、人間のため「自己利益」だけの「資源の合理的配分」を目的とすることを当然のこととしてきた。

そこでは、「神の見えざる手」による市場機能に全面的に任せば、功利主義のいう「最大多数の最大幸福」が達成されるという思想の下に、資本蓄積と人間生活は、ともに狭義の「自己利益」を追求してきた[11]が、今やその解釈の転換が緊急に求められているのである。

すなわち、経済の目的は、狭義の「自己利益」の追求にあるのではなく、最終的には、自己利益と、①他者の利益、②後世代（他者であるが同時代に生きていない者として別に捉えた者）の利益、③自然環境の保全・保存の三者との「地球と立体空間での生態系の同時的・異時的共生」を目指す「生態系主主義」（エコクラシィ）の理念が実現された下における、心身ともに健康で文化的な人間生活の向上にある[12]から、「自己利益」の意味を広義に捉えて、このような「共生の理念」が実現されることにより、はじめて自己利益も持続的に保証されるものとしなければならないのである。

【市場とシステム】

一般商品は、その商品の存在する時代に開かれる場所としての市場で売買（交換）される。その市場は、その時代と場所の異なる毎に異なるシステム（法制度と商習慣）の下で売買（交換）という共通の機能を果たしてきている。

【市場の合理的配分機能の限界】

その市場は、一般的には資源を合理的に配分する機能を持つとされているが、「生態系主主義」（エコクラシィ）の理念に沿った資源の合理的配分をする機能までは持ち合わせていないことを忘れるべきではない。それ故、経済の目的の実現のためには、この理念の下における「地球と立体空間での生態系の同時的・異時的共生」を目指した、国際的なシステムとしての規制と誘導等の下で市場を機能さ

せる必要があるといえる[13]。

　その市場については、ノーベル経済学賞受賞者のロナルド・H・コースも、次のように言及していることが重要である。「市場は、交換取引を実行する費用を減ずるために存在している」。そして、規制のない市場での自由な競争に委ねるのではなく、「完全競争に近いものが存在しうるには、通常、入り組んだ規則や規制の体系が必要である」。「今日存在しているような市場が機能するためには、単に売買がなされる物理的な施設を準備するだけでは十分でないことは明らかである。さらに必要とされるのは、そのような施設のなかでなされる取引を行なう人々の権利や義務を律する司法的なルールを制定することである」[14]。

　分かりやすいように一般商品の価値 V（図V－2の実線で囲まれた部分）の算式を書くと、次の❶～❾の算式の通りである。本来社会的労働用役 L に加算されるべきものは、全体としての自然用役 N であるが、ここでは現状に合わせてその一部の n だけを加算する（❶～❹）。これらのものは、実際には、貨幣で表わした価格として表示されることになる。

前給付費用 Lo + n o = Ld + Lm + Sc + n o	純付加価値 VA = Lw + LE（LE1 + LE2 + LE3）+ n i	N－n I－i

図V－2　一般商品の価値の内訳図

一般商品の価値 V　＝社会的労働用役 L（social labor service）
　　　　　　　　　　＋自然用役 n（N = natural service のうち一部の n）　❶
　　　　　　　　　＝前給付費用 EC（Ex-output Cost）
　　　　　　　　　　＋純付加価値 VA（Value Added）　❷
社会的労働用役 L　＝外部の労働用役 Lo（outside labor service）
　　　　　　　　　　＋内部の労働用役 Li（inside labor service）　❸
自然用役 n　　　　＝外部の自然用役 n o（outside natural service）
　　　　　　　　　　＋分配前利益 E（Earnings before distributing）のうち
　　　　　　　　　　内部の自然用役 n i（inside natural service）　❹
前給付費用 EC（Ex-output Cost）＝外部の労働用役 Lo ＋外部の自然用役 n o　❺

外部の労働用役 Lo ＝設備投資等の回収費（減価償却費）部分 Ld（depreciation
expense）＋原材料費等の対価部分 Lm（material cost）
＋サービス費 Sc（servise cost）　　　　　　　　　　　❻

純付加価値 VA（Value Added）＝人件費部分 Lw ＋分配前利益 E ＝内部の
労働用役 Li ＋内部の自然用役ｎｉ　　　　　　　　　❼

分配前利益 E ＝ LE ＋ｎｉ＝支払利息・割引料、動産・不動産（地代相当分
を除く）、配当金、利益準備金、その他留保利益部分 LE1
＋役員報酬、役員賞与部分 LE2 ＋租税公課、法人税等部分
LE3 ＋内部の自然用役ｎｉ　　　　　　　　　　　　❽

内部の労働用役 Li ＝人件費部分 Lw（wages）＋分配前利益 E のうち内部の
自然用役ｎｉを除く部分 LE　　　　　　　　　　　　❾

算式注：価値と価格とを峻別することを強調しながら付加価値という言葉をそのまま使ってい
るのは、付加価値は慣用的な用語だからである（以下同じ）。

❶～❾は、図Ⅴ－2の符号に沿って順次算式による説明を行ったものである。

前給付費用 EC は、外部から購入し費消する費用の部分、すなわち外部の労働
用役 Lo としては設備投資等の回収費（減価償却費）部分 Ld、原材料費等の対
価部分 Lm 及びサービス費 Sc（運輸・通信等）に外部の自然用役ｎｏを加算し
たものである。原材料費等の「等」は、動力費・外注加工費・事務用消耗品費等
の諸経費（付加価値 VA としての支払賃料・支払利息・租税公課等（ｉを含む）
及び外部の自然用役ｎｏ以外のもの）をいう。外部の自然用役ｎｏは、たとえば
水道料金（大部分が公営の事業である）等のことである。

外部の労働用役 Lo という言葉を用いるのは、機械設備・原材料等が外部の労
働用役の所産である資本とそれらの生産時点における外部の労働用役とが結合し
て作られていることによる。そのなかには運輸・通信等に要するサービス費 Sc
も含まれる。

「外部の」というのは、①それらを使用する企業の外部の企業ということ、②
運輸・通信等のようにそれらの用役が「事前に」生産されたものではない「生産
即消費」という性質のものもあることから、「前給付費用」という言葉は、「外部
給付費用」とする方が相応しいのではないか？

純付加価値 VA は、企業が生産により新たに産出した「価値」のことであり、具体的には、人件費部分 Lw に分配前利益 E（＝LE ＋ n i）を加算したものである。それは、それぞれそれらの貢献度に応じて、①内部の労働用役に対しては従業員給与、福利厚生費（当期人件費部分 Lw）として、②資本に対しては支払利息・割引料、動産・不動産（地代相当分を除く）、配当金、利益準備金、その他留保利益（同部分の LE1）として、③企業者才能に対しては役員報酬、役員賞与（同部分の LE2）として、④国等に対しては租税公課、法人税等（同部分の LE3）として支払われる。さらに、⑤内部の自然用役 n i に対しては地主等への地代と国等への租税公課である環境税等（n i）として支払われることになる。

　これらの「付加価値」は、原則として消費税の課税対象になる（ただし消費税法上はそのものの性質上又は政策上非課税とされる部分がある）ものである。

　この図において N−n の部分は、人間の生活と活動のために綺麗な自然の用役等（N）をフルに利用しながら、それらの代価を支払っていない部分である。少なくとも廃棄物を自然に還すときは N−n の部分のコスト負担をして元通りの綺麗なものにして自然に還さねばならないのである。

　ところが、人間は、それらの代価を支払うどころか、資源を荒廃・枯渇させ、種々の廃棄物（e＝emission）により自然を汚染し続けて多くの動植物の種の絶滅を招来してきている。たとえば原発の廃棄物はゼロ・エミッションから一番遠いところに位置している。

　しかしながら、それらについては、できる限り自然の綺麗で豊かな姿を回復させて自然のクリーンな物質代謝を永続させるために必要なものとして、筆者が強調する「生態系主主義（エコクラシィ）の理念」[3] に基づき、汚染者は、N−n を負担して e を縮減させるほか、さらに汚染される前の自然を回復させるべきである（後者は米国のカリフォルニア州で自然修復（mitigation）の観点からすでに実施されている）。

　この図において I−i の主要な部分は、インフラの補修と再建築に必要な補修費や減価償却費の部分であり、租税公課等のなかで支払われているのは、それらの一部分 i にすぎないことは自明である。

　以上については、フローから捉えたものであるが、ストックとして捉えると、次のことを指摘しなければならない。

　自然の物質代謝の観点から見れば、人類が四大文明を築いた頃以降の活動、特に近年の産業革命以降の約 200 年間の活動が、宇宙空間を含めて自然の汚染を続けるほか、地球の自然資源としての、鉱物と樹木をかなり消尽させ、動物の多くの種を絶滅させてきているにもかかわらず図Ⅴ－2 における N－n の負担をしてきていないから、それらの累積としての自然に対する負債総額は、計り知れないものがある（さらに I－i の引当債務の累積部分も加わる）。

　以下では次の「マルクス再生産表式」に基づいて説明をする。

「マルクスの再生産表式」

金融資本　M－M"

商業資本　M－C－M'

産業資本　M－C $\left\langle\begin{array}{l}\text{Pm}\\[2em]\text{L}\end{array}\right.$ ……P…… C'－M'

M	：資本
M'・M"	：増殖資本
C	：商品
Pm	：生産手段
P	：生産（製造）
L	：労働用役

【商業信用と第 1 部門（生産財生産部門）、第 2 部門（消費財生産部門）、第 3 部門（商業・金融等サービス部門）、及び第 4 部門（狭義のサービス部門）との関係】

　商業信用は、表Ⅵ－2「産業資本等と人間生活の循環過程の明細表」、表Ⅵ－3「サービス（商業・金融等）資本の循環過程の明細表」、及び表Ⅵ－4「サービス（狭義）資本の循環過程の明細表」の流通過程、すなわち❺式、❽式、及び❾式において、第 2 段階（生産諸資源の投資・仕入過程）での仕入債務（買掛金・支払手形等）という形態の信用と、第 4 段階（製・商品及び狭義のサービスの販売過程）での売上債権（売掛金・受取手形等）という形態の信用として、それぞれ重要な役割を果たすものである。

　信用構造の基底部では、図Ⅴ－2－1 の「生産・流通・金融（貸付）システム図（産業資本）」、及び図Ⅴ－2－2 の「生産・流通・金融（貸付）システム図（サービス資本）」に見られるように、産業資本は、第 1 部門（生産財生産部門）及び第 2 部門（消費財生産部門：一般消費財の他耐久消費財と住宅を含む）からなり、サービス資本は、第 3 部門（商業・金融等のサービス生産部門）及び第 4 部門（狭義のサービス生産部門）からなっている（産業連関＝投入産出分析に見られるように多部門分析も可能であるが、ここでは産業資本の 2 部門分析にサービス資本

の2部門分析を加えた4部門分析としている）。

　念のためにつけ加えると、これらの4部門のうち、不動産分譲資本は、第2部門に該当し、不動産賃貸資本は、第4部門に該当する（不動産鑑定資本もこの部門に入る）。

【「生産・流通・金融（貸付）システム図」における商業資本と商業信用】

　商業資本は、それらの産業資本の第1・第2部門の流通過程である仕入と販売、及び自らを含めてサービス資本の第3・第4部門の流通過程である仕入と販売に対し、それぞれ商業信用を通じて直接的な関係を取り結んでいる。

　すなわち商業信用は、左側矩形囲みの M_1、M_2、M_3 及び M_4 から C_1S_1、C_2S_2、S_3C_3、及び S_4C_4 への仕入における原材料等の信用買い、並びに右側矩形囲みの $C_{1 \cdot 2 \cdot 3 \cdot 4}$（図作成技術上 $1' \cdot 2' \cdot 3' \cdot 4'$ の ' を省略してある）、第3部門の $S_{1 \cdot 2 \cdot 3 \cdot 4}$（同）、及び第4部門の $S_{1 \cdot 2 \cdot 3 \cdot 4}$（同）から M_1'、M_2'、M_3' 及び M_4' への販売における製品・商品及び用役の信用売りとして相互に利用されるものである。ただし商業信用は、本来 C に対してよりも人件費のウエイトが高い S に対する方が希薄であったが、小売における消費者信用と住宅信用の普及が S に対するもののウエイトをも高めてきている。

【4部門における産業資本、商業資本及び狭義のサービス資本と商業信用】

　産業資本・商業資本及び狭義のサービス資本は、それらの資本の生産過程及び流通過程が、時間的（生産期間と季節性等）・空間的（距離等－交通手段との関連において時間的なものに集約可能）事情により相違することに起因して、流通過程における仕入及び販売を、通常、掛買い及び掛売りで行い、それらを小切手又は支払手形及び受取手形の授受をしたうえ、即時又は支払期日に当座預金口座により決済している。

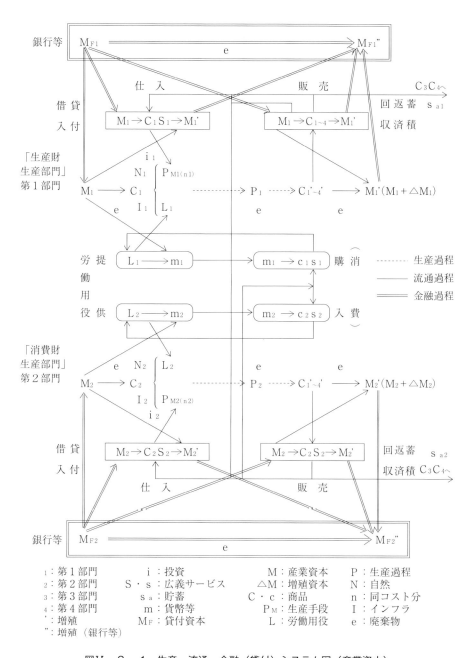

図Ⅴ－2－1　生産・流通・金融（貸付）システム図（産業資本）

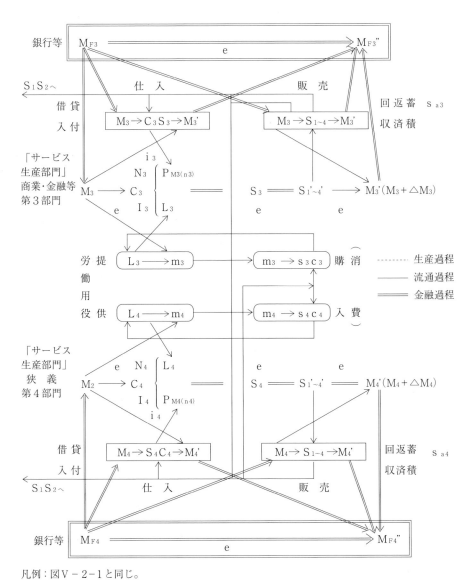

凡例：図Ｖ－２－１と同じ。

図Ｖ－２－２　生産・流通・金融（貸付）システム図（サービス資本）

注

1）祖父江孝男著『文化人類学入門』中央新書 1988.7。及び村上泰亮著『文明の多系史観』中公叢書 1998.7。なお、土地私有制と土地価格については、農耕の開始後徐々に形成されてきたものと考えられる。

　　大氷河期と間氷期については、奈須紀幸監修『「海底遺跡」超古代文明の謎』講談社＋α文庫 2005.11 参照。「四大文明」は、今から約 5 千年前の時代に出現したものであるが、この図書において、それらの文明は、突然誕生したものではなく、約 2 万年前の最寒冷期の海面が今よりも約 130m も低かった「プレ四大文明」の時期（プレ・インダス文明は、約 3 万 1 千年前）に誕生し発展したものであることが、「海底遺跡」により明らかにされている。

2）宇宙ができてから 137 億年、地球ができてから 46 億年、単細胞生物が出現してから 38 億年、動植物（ミトコンドリア等）が現れてから 14 億年、多細胞生物が出てきてから 6 億年、カンブリア爆発（5.4 億年前）後、動物が陸上に進出してから 4.2 億年、超大陸パンゲアが分裂（2.5 億年前）後、恐竜が出てきてから 2.3 億年、哺乳類が出現してから 1.5 億年、霊長類が現れてから 7 千万年、そして人類に進化してから 7 百万年、猿人から原人に進化してから 180 万年（この頃にアフリカ大陸からユーラシア大陸へ）というタイムスパンからいえば、僅かな期間であるといえる（竹内 均・都城秋穂著『地球の歴史』NHK ブックス 1990.2 − 初版 1965.3、「旧石器研究の到達点」『朝日新聞』1999.10.13・14 付）、「生命とは何かいかに進化してきたのか」『Newton 別冊』2007.8 及び山際寿一著『森の声、ゴリラの目 人類の本質を未来へつなぐ』小学館新書 2024.2 ほか参照）。

　　ところで、超長期に見れば、現在の地球は、大氷河期のなかの間氷期にあたり、地球の温暖化は、メタンハイドレート（「海底に埋もれたプランクトンや海洋動植物の遺骸などの有機物がメタン菌で分解され、高水圧で氷結した可燃性の天然物質」）の崩壊で起こる可能性が高いという研究もある（1）記載最後の図書）。

　　平地の氷河が最終的に消滅して農耕が始まったのは、約 1 万年前である。そのときの人口が、300 万〜 400 万人であったのが、産業革命時（1802 年）の約 10 億人、1900 年の 16 〜 17 億人を経て、今日では 70 億人を数えるに至っている（大河内直彦著『『地球のからくり』に挑む』新潮新書 2012.6 及び国連統計ほか）。

3）広中和歌子「地球憲章 持続可能な未来に向けての価値と原則」『地球憲章 The Earth Charter』。

4）建部好治著『新しい企業経営と財務』清文社 2006.10 及び同論文「「生態系主義」と不動産評価」『日本土地環境学会誌』第 14 号 2007.11。後者では、「生態系主義」のための共感と共理について、①自己と他者との関係、②法人と他者との関係、③自己、法人、国等と他物との関係、④国等と他物との関係を巡ってもそれぞれ説明を行っている。

5）「世界経済は、拡大を続けながら膨大な汚染を生み出しており、国際社会がこれから取り組まなければならないのは、エネルギーや食料生産がやがて直面するであろう限界より、もっと根本的な制約、つまり汚染を吸収しながら経済の拡大を支える地球の生態系の容量である」という（クリストファー・フレイヴィン編著 浜中裕徳ほか監修『地球白書 2006-07』ワールドウォッチジャパン 2006.6）。

6）「人間存在に関する限り、これらふたつ（権利と義務−筆者追加）の観念の間には対称が保たれている。すなわちおのおのの主体は他の主体の権利を尊重する義務があるということである。しかし人類という枠を超えると、この対称はもう存在しない。「自然の権利」という観念は、潜在的にそれと対称的な「自然の義務」という観念を伴ってはいないのである」（オギュスタン・ベルク著 篠田勝英訳『地球と存在の哲学』ちくま新書 1996.9）。

7）エンゲルス著 有澤広巳訳『自然弁証法』黄土社 1948.5 p.200。

8）江崎保男著『生態系ってなに？』中公新書 2007.11 p.22。

9）湯浅浩史著『植物からの警告』ちくま新書 2012.7 p.9。

10）1992 年 6 月の「環境と開発に関するリオ宣言」参照。

11）1. アダム・スミスは、「人間の中に「賢明さ」と「弱さ」の両方がある。……特に、「弱さ」は一見すると悪徳なのであるが、そのような「弱さ」も、「見えざる手」に導かれて、繁栄という目的の実現に貢献するのである。しかしながら、「見えざる手」が十分機能するためには、「弱さ」は放任されるのではなく、「賢明さ」によって制御されなければならない」として、そのように制御されている人間が、供給者又は需要者として市場に参加するのを条件としている（堂目卓生著『アダム・スミス』中公新書 2009.1 － 初版 2008.3）。そして、「われわれはつねに、不正に対する偉大な復讐者である神の目のもとで行為している」としている（アダム・スミス著 水田洋訳『道徳感情論』（上・下）岩波文庫初版 2003.4、及び同著 大河内一男監訳『国富論』（Ⅰ～Ⅲ）中公文庫初版 1978.6）。

2. ケネス・ラックス著 田中秀臣訳『アダム・スミスの失敗』草思社 1996.4。ただし、ここではセルフ・インタレストを利己心ではなく、自己利益とした。

12）1. アダム・スミスは、経済（学）の目的（目標）について、「国民と主権者の双方をともに富ませること」とし、一層具体的には、「消費こそはいっさいの生産にとっての唯一の目標であり、かつ目的なのである」としている。

そしてさらに、規制を排除した自由競争を重視しながらも、この目的との関連で、法律について、場合によっては、「法律は、植民地の木材に広大な市場を与え、それによって、さもなければ全く価値のない物資の価格を引き上げ、土地の改良を促進させ、また、そうでもしないかぎり経費倒れになってしまうものからも、なにがしかの利潤があがるように配慮する」という効果を認めていることにも注目しておきたい（同著後者参照）。もっとも、日本では、あまりにも不必要な規制が多過ぎるから、それらの規制と環境問題・企業活動の行き過ぎ問題等に対する必要な規制とを峻別したうえ、速やかに前者の自由化と後者の規制強化を図ることが重要である。

2. この目的について、宮本憲一教授は「生活の質」の向上とされ、故内田忠夫教授は、「国民の経済福祉の向上」とされている（宮本憲一著『環境経済学』岩波新書 1994.1、及び鈴木正俊著『経済予測』岩波書店 1995.9）。

山内昶教授は、経済人類学の立場から、人間を物欲的存在としてではなく、精神的・文化的存在として捉え直した見方としての「基本的な人間のニーズ」を重視されている（山内昶著『経済人類学への招待』ちくま新書 1995.8）。

槌田劭教授は、生存の持続と発展とは本質的に矛盾するもの」とされている（槌田劭ほか著『現代哲学の潮流』ミネルヴァ書房 1996.7）。

アメリカにおいても GDP（国内総生産）の拡大から GPI（生活進歩指数― GDP に所得分配の公平度・労働時間・自然資源の消耗度等を加味して数値化した指数）の改善を目指す動きが広がってきている（日本経済新聞 1995.11.3 付）。

3. 2011 年秋のブータン国王夫妻の来日を契機として、ブータンの GNH（Gross National Happiness ＝国民総幸福度：前国王が 1972 年に提唱した、物質的な豊かさだけではなく、精神的な豊かさも尺度に入れた考え方）が脚光を浴びてきている。その主な取り組み内容は、次の四つのものを柱にしている。①健全な経済発展と開発、②文化の保護と振興、③環境の保全と持続的な利用、④よい統治（鈴木法之論文「GNH の国ブータン 人々は本当に幸せか？」SRI 2010.4）。

13）国際的には、ISO14001 が 2004 年 11 月に環境マネジメントシステムの有効性・信頼性を高めるために改定されている。それは、コンプライアンス強化、製品・サービスの環境に及ぼす範囲拡大・品質マネジメント（ISO9000）との連携を特徴としている。そして、国内的には、CSR（Corporate Social Responsibility ＝企業の社会的責任）が漸く一般化しようとし、この視点に基づく SRI（Socially Responsible Investment ＝社会的責任投資）が指向されて、それらは、漸く個人向けの投資信託を中心に普及しつつある（「わが社の環境報告 2005 春」『日経ビジネス』7 号 2005.3、及び壁谷洋和「「企業の社会性に着目した視点」で投資」『日経ビジネス』23 号 2005.5）。

14）ロナルド・H・コース著 宮沢健一・後藤晃・藤垣芳文訳『企業・市場・法』（東洋経済新報社 1993.3 －初版 1992.10）。

Ⅵ. 資本等の循環過程

1. マクロ—総資本等の循環過程について

　GDP は、表Ⅵ－1の内訳を集計したものである。ただし、中間財が重複して相殺される部分は、除かれる。

表Ⅵ－1　名目（GNP）国民総生産・総支出

名目国内総生産 GDP	名目国内総支出 GDE
資本減耗 雇用者所得 営業余剰 間接税 △ 補助金	投　資 消　費 輸出等 △ 輸入等
海外からの要素所得 △ 海外への要素所得	
名目国民総生産	名目国民総支出

投資＝住宅投資＋企業設備投資＋公的投資＋民間在庫投資＋公的在庫投資　❶
消費＝民間最終消費＋政府最終消費　　　　　　　　　　　　　　　　　　❷

　要素所得は、労働・土地・資本・企業者才能という生産要素が、生産活動に参加することにより、その提供したサービスに対する報酬としての雇用者所得（労働に対する賃金・俸給等）と営業余剰（土地に対する地代、資本に対する利益・配当・利子、企業者才能に対する役員報酬・同賞与等）をいうから、純付加価値そのもののことである。

それは、生産活動により裏づけられた所得である。そして、移転所得（制度部門間の契約、又は反対給与のないもの）とは区別されて、本源的所得と呼ばれることもある。

　表Ⅵ－1と表Ⅵ－2との関連について述べると、次の通りである。

　表Ⅵ－1のGDPのうちの資本減耗は、表Ⅵ－2❺式の製品コストを構成する費用のうち、前給付費用のなかの減価償却費に該当する（前給付費用のなかのその他のもの、すなわち原材料費・動力費・外注加工費・事務用消耗品費・サービス費等（中間財）は、総資本としては連結と同様に、当企業の仕入・購入等と相手企業の販売・譲渡等とが相殺されて、集計から除外されることになる）。

　ここで重要なことは、原材料費・動力費・外注加工費・事務用消耗品費・サービス費等の中間財は、GDPの集計時に確かに相殺されるが、自然環境問題を検討するときには、それらを供給する各独立の企業資本が中間財を生産する各過程においても廃棄物を生じているから、それらのものを相殺してはならないということである。

　それどころか、各企業資本内部の取引においても、中間財を生産する各独立の企業資本と同じく、廃棄物を生み出す各過程は別途に計上されなければならないのである。M＆Aが増加して一つの企業資本に他の多くの企業資本が吸収されても、廃棄物を生み出す各過程は存続することを忘れてはならないのである。

　表Ⅵ－1の雇用者所得は、表Ⅵ－2❺式の製品コストを構成する費用のうちの人件費に該当する。

　表Ⅵ－1の営業余剰に間接税を加え補助金を差し引いたものは、表Ⅵ－2❺式の製品コストを構成する費用のうちの分配前利益（純付加価値から人件費を控除したもの）に該当する。

2. ミクロ―個別資本＝企業資本等の循環過程について

（1）産業（メーカー）資本の循環過程とその諸段階（企画・決定の段階、各実行の第1～第5段階と検証の段階）

【「付加価値[1)]の創造」過程】

　諸資本の循環過程の基本は、産業（メーカー）資本等の循環過程（表Ⅵ－2❺式）である。

　表Ⅵ－2⑴フロー①の「付加価値の創造」過程から分かるように、純付加価値は、❺式の製造される製品のなかに、前段階の産業資本等が産出した価値としての前給付費用（原材料費・動力費・外注加工費・事務用消耗品費・サービス費等及び減価償却費）とともに含まれており、純付加価値の内容は、人件費・租税公課・支払地代等・同利息等及び経常利益（損失ではなく利益の場合）からなり、経常利益は、さらに法人税等・配当・役員賞与・留保利益（蓄積）からなっている。これらは、既述の労働に分配される人件費と、土地・資本・企業者才能及び国・地方公共団体等に分配される前の利益（分配前利益）からなるものである。

　ここでのサービス費等のうちサービス費は、狭義の運輸・通信・電力・ガス・不動産・飲食・宿泊・医療・福祉・学習・各種サービス等及び国・地方公共団体等に、流通及び金融等の各サービスを加えた広義のサービスに対する費用をいい、等は、その他の諸経費（たとえば維持管理費・修繕費・支払手数料等）をいう。

【企画の段階（事前の計画等）】

　表Ⅵ－2における「付加価値の創造」過程に入る前の企画の段階では、次の第1段階から第5段階までの計画をしっかり立てておくこと、具体的には、第1段階の投資に相応する資本調達内容と第5段階の資本の一部に対する返済・償還計画を基礎づけるものとして、第4段階の的確な需要見通しの下に、第2段階のイニシャルコスト（建設過程における建物・設備等建設費）と第2段階・第3段階のランニングコスト（仕入過程・製造過程における建設物の稼働・運営費総額）の両者につき、事前の厳しい計算に基づいて把握しておくことが重要である（表Ⅵ－3・表Ⅵ－4のサービス資本の循環過程についても同じことがいえる。このことは表Ⅵ－4に属する官公庁又はその外郭団体等のいわゆる美術館等のハコモノ造りに対しても同様にいうことができる）。

表Ⅵ−2　産業資本等と人間生活の循環過程の明細表

(1)　| フロー |　①「企画」「付加価値の創造」　　　　　　　　　　　　　　　$Iv \times a = A$ ❸

$P \times y = R$ ❹

|（N・I）|（N・I）|「投資・仕入」|（N・I）|「販売」|（N・I）|

借入	n・i	n・i	生産設備等　n・i		n・i	n・i	返済
社債　⟹	資本 ⟶		原材料 ⤏製　造⤏	製品 ⟶	増殖資本 ⟹		償還 ❺
株式等	e	e	動力	e	原材料費	e	e
⟱	1	2	サービス等　3		動力費	4	5
回収			「雇用」		外注加工費		
			労働用役		事務用消耗品費		
			その他運転資金		サービス費等		
					減価償却費		

生産諸資源　前給付費用（原材料費〜減価償却費）

⤏　生産過程（技術）
⟶　流通過程（現金・信用）
⟹　金融過程（証券・賃借・為替）
N：自然（土地・水・大気等）
I：インフラ
n：自然の一部（投資認識される部分）
i：インフラの一部（同上）
e：廃棄物（気体・液体・固体−emission）
1〜5：第1段階〜第5段階

純付加価値 / 分配前利益：
人件費⟶可処分所得
租税公課
支払地代
同利息等
法人税等
配当
役員賞与
留保利益
（「蓄積」）

②「被雇用等」「可処分所得の稼得」　　　　　　　　$W \times y' = R$ ❻

|（N・I）|（税金・社会保険料控除後）|（N・I）|

n・i		n・i
人間生活 ⟶	給与 ⟶	人間生活
働く	年金等	働く
「消費」e		「消費」e
食・衣・住（地代・家賃）		食・衣・住（地代・家賃）
学ぶ		学ぶ
遊ぶ		遊ぶ
育てる		育てる
「貯蓄」e		「貯蓄」e

(2)　| フローの逆算 |　　「収益価格の算出」　　　　　　　　　$P = \dfrac{R}{y}$ ❼

Iv：投下資本　　　　　　a：付加価値率
A：付加価値　　　　　　P：土地投下資本（フロー）又は土地価格（ストック）
R：期待地代　　　　　　y：期待土地利回り（対土地投下資本）
W：賃金　　　　　　　　y'：期待土地利回り（対所得）

【決定の段階】

　企画の段階で検討された投資計画のうち、これまでは資本にとっての最善のものが当該企業の取締役会で決定され、実行されてきている。しかし、現時点では、資本にとってだけではなく、自然と社会（環境）にとっても最善のものであることが重要である。すなわち、その投資は、CSR（企業の社会的責任）との関連におけるSRI（社会的責任投資）でなければならないということである。

　この段階で企業の投資意思決定に重要な役割を果たすのは、その企業の最高経営責任者（CEO = Chief Executive Officer）であるから、CEOは、当然にこのSRIの側面をも常に考慮に入れてその投資を決定しなければならないのである。

【第1段階＝資本調達過程】

　これらの各段階について、表Ⅵ－2❺式の「借入・社債・株式等（等は留保利益・減価償却累計額）⟹資本」（第1段階＝資本調達過程）は、①金融市場（狭義の信用市場）での銀行・信託・保険会社等からの借入（間接金融による他人資本の調達）、②資本市場（広義の信用市場）での証券会社等の仲介・引き受けによる株式・社債の発行（前者は一般又は機関投資家からの直接金融又は投資信託からの間接的直接金融による自己資本の調達、後者は一般又は機関投資家からの直接金融又は投資信託からの間接的直接金融による他人資本の調達）、及び③留保利益・減価償却累計額からの自己金融による資本の調達を意味している。株式等から下方向⇓への回収の部分は、株式形態の投下資本が借入・社債のように返済・償還の可能性がないにもかかわらず株式市場での売却により回収可能であることを示している。

　実際の調達にあたっては、①～③について投資の内容に応じた回収期間と資本コストの組み合わせが重要である。そして、これらの調達資本は、使用総資本のなかで主要な自己資本と他人資本を形成する。

【第2段階＝投資・仕入過程】

　❺式の「資本⟶生産諸資源」（第2段階＝投資・仕入過程）は、①不動産市場で不動産業者等の仲介により、土地を購入又は賃借し、②建設市場で建設会社に土地の造成・建物の建築を請負わせ、③生産設備市場で商社・リース会社等の介在により、生産設備を購入又は賃借し、④原材料市場で商社等の介在により、又は直接系列の下請け先から原材料を購入し、⑤サービス市場から直接運輸・通

信サービス等の提供を受け、⑥労働市場から労働者を直接雇用する過程である。

一定の科学技術水準の下で、この段階の建設・設備投資における「生産手段と労働用役」[2]との結合の仕方は、生産性の差異に基づく投資利益率と回転期間の差異に重要な影響を与えるから、それらを量的質的に区別して捉えなければならない。具体的には、種々の結合についての比較計算を行ったうえ、そのなかで、当該企画に合った最適なものを選択して実行することが重要である。

この段階においてグローバル化した経済の下では、生産手段は国境を超えて相対的に低賃金で質の良い労働用役と結合すること[3]、しかもその結合は、公害の輸出ではなく、自然環境の保全・保護に適合するものであることが重要になってきている。このことは、次の第3段階についても同様である。

【第3段階＝生産過程】

❺式の「生産諸資源---→製造---→製品」（第3段階＝生産過程）は、第2段階（投資・仕入過程）での契約内容に基づき、用意した生産手段（生産設備と原材料）と労働用役とを組合せて、自企業の内部で製品の生産を行う過程である。

ここでは、①生産設備と労働用役との組み合わせ方（組織としてのシステム）が、硬直的ではなく、弾力的であること（第3段階内部の諸問題及び第4段階の市場からの諸要請にも即応できること）[4]が利益稼得力にとって重要であり、②製品だけではなく、原材料の歩留率が、資源節約と環境保護にとっても極めて重要であることを強調しておきたい。

この段階では、生産手段のうちの労働手段（生産設備）の全部又は一部の購入か賃借か、及びそのうちの労働対象（原材料）の「仕入」における現金買か信用買かの組み合わせ方も重要である。

【第4段階＝販売過程】

❺式の「製品──→増殖資本」（第4段階＝販売過程）は、再びサービス市場から直接運輸・通信サービス等の提供を受けるほか、広告サービス等の提供を受ける下で、①生産財市場で商社等の介在により、生産財を販売し、②消費財市場で卸売業者・小売業者等の介在により、消費財を販売する過程である。

増殖資本は、当初資本に利益を加えたものであり、この利益の使用総資本に対する割合、すなわち使用総資本利益率が、重要な経営指標の一つを示すものである[5]。

この段階では、現金売か信用売か（回収可能か、回収期間の長短はどうか、以下同じ）、さらには期待価格で販売可能か否か、及び関係する資本調達コストと税制が投下資本の投資利益率とその回収（キャッシュ・フロー）までの回転期間にやはり重要な影響を与えるのである。

ここで差額地代、ひいてはそれを資本還元した土地価格との関係では、第２段階の①において入手した宅地の豊度及び熟度並びに位置及び立地の差を反映した個別的な付加価値が、この第４段階で社会的に実現することが重要である（以下同じ）。

【第５段階＝返済・償還過程】

❺式の「増殖資本⟹返済・償還」（第５段階＝資本循環完結過程）は、増殖資本のなかから調達資本を返済・償還して、資本の一循環を完結する過程である。ここで留意して欲しいことは、これらの返済・償還が資本調達の借入・社債・株式・留保等のうちの前二者としか見合っていないということである。つまり後二者のうち株式については配当支払の負担はあるが、元本返済・償還の義務がなく（ただし、第１段階で説明したように、株式は株式市場での売却により投下資本の回収が可能である）、留保等（留保利益及び減価償却累計額）については配当・利子等の支払いも不要という貴重な資金なのだということである。

【事後検証（事後の監査等）】

第５段階が終わると、資本の一循環が終了して次の循環に入るが、その前に第１段階から第５段階までの経過を、当初の企画と比較のうえ、それを評価・検証（事後監査を含む）し、問題点を解決して次に進むことが重要である。つまり資本の一循環は第１段階から第５段階まで（Do）であるが、それだけでは不十分であり、当初の企画（Plan）と事後の比較検証（See）も重視しなければならないのである。

【甘い企画下の「財テク」とコーポレート・ガバナンス（企業統治）】

本来、個々の産業資本の経営者等は、設備投資資本の回収には長期を要するから、この❺式の、第１段階から第５段階までの資本の一循環の企画において厳しい利益稼得見通しを持たねばならないのに、「自由化」「国際化」等の下で、バブル景気時には、①内外の資本市場から直接にエクィティ・ファイナンスで得た過剰な資金を安易な設備投資に充てたほか、②その余剰資金を産業資本としてではなく、貸付資本として「特定金銭信託」「ファンド・トラスト」等の利用による「財

テク」（土地の投機的取得を含む）に励んでいた（商業資本・サービス資本の経営者等についても同様であった）。

　産業資本の経営者等のこのような危険な行動に対し、コーポレート・ガバナンス（企業統治）としては、本来政策当局者等が警戒信号を出さねばならないのに、①政府は当時の内外の政治的要請を優先させ、②日銀は政府に従属して公定歩合を長期にわたって低位のままに据え置き、③資金余剰化と直接金融化とによる激しい貸出競争の下で、間接金融の主体であるメイン・バンク等は、意識的に審査部を独立性のある本部から営業部の付随的な地位に置き換えてモニタリング機能を放棄していたのである（商業資本・サービス資本の経営者等の行動についても同様であった。なお、直接金融を扱う証券会社は元々モニタリング機能を持ち合わせていない）[6]。

（2）産業資本等の循環過程と自然・インフラ・廃棄物

【産業資本等の循環過程における自然Nとn及びインフラIとi】

　産業資本等の循環過程（**❺**式）に、①自然（土地・水・大気等）のNと、そのうち投資として認識される一部分としてのn、及び②公的資金の投下により整備されたインフラサービスのIと、そのうち投資として認識される一部分としてのiを取り入れると、産業生産は、産業資本を化体した産業生産要素としての産業生産手段と産業労働用役のみならず、①自然的なもの（自然から与えられた土地生産性によるもの）と、②整備されたインフラサービスの力によっていることが明らかになる[7]。ここでは、①と②の関係では、Nとnの差がIとiの差よりはるかに大きいということにも留意しておく必要がある。

【Nの差とIの差、さらにeの差が差額地代の大小に影響する】

　そして、①nではなくNの差が、自然的豊度の差と自然的位置の差を決定し、②iではなくIの差が、人為的立地の差を決めている。すなわち、①産業生産に役立つNに恵まれるほど自然的豊度と自然的位置が優位になり、②産業生産を支えるIの整備が行き届くほど人為的立地が優位になって、差額地代が大きくなる。逆に、①産業生産に役立つNに恵まれないほど自然的豊度と自然的位置が劣位になり、②産業生産を支えるIの整備が不足するほど人為的立地が劣位になって、差額地代が小さくなる。

　さらに、③生産・流通・金融の諸過程、すなわち表Ⅵ－２の第１段階から第５段階までの諸過程で生ずる廃棄物等（気体・液体・固体－浸透物を含む）のｅを取り入れると、自然的豊度の持続性が影響を受け、その自然的豊度の差の変動（人為的劣化の差による変動）を通じて、差額地代の変動がもたらされることになる。

【Ｎ・Ｉ・ｅのコスト又は純付加価値の一部としての認識を】

　したがって、産業資本等の循環過程において、これまで脱漏していた、①自然（土地・水・大気等）のＮ、②インフラサービスのＩ、及び③廃棄物等（気体・液体・固体－浸透物を含む）のｅを取り入れる（コスト又は純付加価値の一部として認識する）ことが必要となるのである。

　このフローとしての産業資本等の循環過程で、第１に、自然（土地・水・大気等）のＮのうち投資として認識される部分は、その一部分のｎ（たとえば地代・水道代等）のみであり、しかも借入等の資金調達・仕入・製造・販売及び返済等の諸過程における廃棄物等（気体・液体・固体－浸透物を含む）のｅによる環境汚染を引き起こしている。すなわち、本来は、汚染されていない土地の上で、汚染されていない真水・大気・太陽光等を利用して、ただし大気・太陽光に対しては何等の投資（コスト負担）もなく生産を行いながら、生産・流通・金融（貯蓄を含む）及び消費の諸過程において、廃棄物等（気体・液体・固体－浸透物を含む）のｅによりそれらを汚染等し続けていることが問題である[8]。

　生産過程等で純付加価値を生み出すのに貢献した、①水に対しては中間投入額として回収されるが、②大気等に対しては中間投入額としての回収又は配分がないし、③生産過程等で汚染されてもとの自然に還元されない廃棄物（気体・液体・固体）を排出し、④消費過程でも、生産過程等と同様にそれらの廃棄物を排出している、ということである。

【フローの循環を自然の物質代謝機能を維持し回復させる方向に転換を】

　現時点では、資本の活動と人間の生活が自然を汚染又は消尽させる度合いを強めて、これらのことが逆に、資本の活動と人間の生活の持続的な成長に対する制約となってきているから、Ｎ・Ｉ・ｅをコスト又は純付加価値の一部と認識して、フローの循環を自然の物質代謝機能を維持し回復させる方向に転換させなければならない。そしてこのことは、当然フローの利益及びストックの価格にも影響を及ぼすことになる。

それらの影響に対しては、産業における土地（自然）生産性の持続性のために、①土壌・地下水汚染等の問題を解決する必要性のほか、②土地（自然）生産性を超えた地代（地価）水準の是正（空洞化は高人件費によるだけではない）も迫られているのである。

【Ｎがマイナスの影響を与える側面】

　Ｎは、産業資本の循環過程に対して、プラスの影響を及ぼす側面を持つだけではなく、マイナスの影響を与える側面をも持っていることを見逃すべきではない。マイナスの影響を与える側面とは、自然の災害、具体的には噴火・地震・津波・暴風雨・洪水・旱ばつ等である。これらの自然の災害は、直接的に自然的豊度を破壊するおそれに加えて、間接的に鉄道・道路・ダム・人工の水路等の産業生産を支えるＩを瞬時に破壊するおそれがあるから、産業における土地（自然）生産性の持続性のためには、これらを防御するＩ等（産業用建物・構築物・機械等を含む）の充実・補強も不可欠である。

【Ｉのうち投資として認識されるべき部分とマイナスの側面】

　整備されたインフラサービスのＩのうち投資として認識される部分は、その一部分のi（たとえば租税・負担金等で支払う部分）のみである。すなわち、本来は、かなりの程度整備されたインフラサービスとしての鉄道・道路・ダム・人工の水路等（ソフトの教育等を含む）を利用しながら、道路・ダム・人工の水路等に対してはコスト負担の一部だけで生産を行っていることも、公的な開発利益の負担の問題として残されている。

　しかしながら、インフラサービスについては、Ｎと異なりすべてのＩを投資として認識する必要はないということができる。というのは、Ｉについては、国等の合理化精神に欠ける官僚等による、かなりの過剰投資・欠陥工事とコスト高の側面がある。たとえば、殆ど不必要な干潟の埋立、ダム・流域下水道の建設等の過剰で割高な公共投資等がそれである[8]。それらは、公共工事の過程及びその完成後における公的建設物の用役提供の過程で、①生態系を分断し、②廃棄物等（気体・液体・固体－浸透物を含む）により自然（土地・水・大気等）を汚染等し続け、③自然的豊度の持続性に影響を及ぼし、その自然的豊度の差を変動させる結果として、Ｎを悪化する（自然とその生態系をも破壊する）というマイナスの側面を持つことも重要である。

（3）サービス（商業・金融等）資本の循環過程

【サービス（商業・金融等）資本の循環過程と純付加価値】

　サービス（商業・金融等）資本の循環過程は、通常いわれている次のような簡単なものではなく、第２段階の投資・仕入があるから、産業資本等の循環過程に類似していることに留意しなければならない。このことは、サービス（狭義）資本の循環過程についても同様である。

　商業資本　資本－商品－資本（第２段階～第３段階～第４段階）

　貸付資本　資本－資本（第１段階～第５段階）

　表Ⅵ－３は、サービス（商業・金融等）資本の循環過程を描いてある。

　サービス（商業・金融等）資本としては、資本の循環過程のうちの流通過程を担う商業資本と、金融過程を担う貸付資本（銀行等）・証券資本（証券会社・投資銀行）等がある。

表Ⅵ－３　サービス（商業・金融等）資本の循環過程の明細表

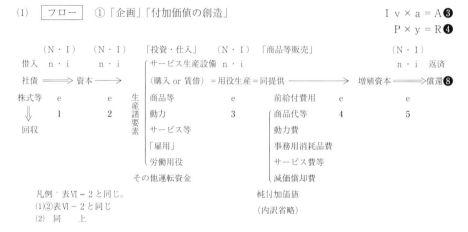

【サービス資本の本来の循環過程】

　サービス（商業・金融等）資本の循環過程については、産業資本（メーカー）の循環過程と同様に、純付加価値は、❽式の販売される商品等のなかに、前段階の産業資本等が産出した価値としての前給付費用（商品代等・動力費・事務用消

耗品費・サービス費等及び減価償却費）とともに含まれている。

　サービス（商業・金融等）資本の循環過程については、通常、既述のように、第１段階から第５段階までの各段階が必要とされるのである（正確にいうと、それらのほか第１段階の前に企画・決定の段階、第５段階の後に事後検証の段階もある）。

　たとえば、表Ⅵ－３に見られるように、流通過程を担う商業資本としてのディーラーは、産業資本としてのメーカーと同様に、各種資本を調達し（第１段階）、サービス生産設備等を購入又は賃借してそれに労働用役を結びつける準備過程のイニシャル投資を行ったうえで、商品の仕入行為というランニング活動に入り（第２段階）、商品の販売行為により資本を増殖し（製造過程等がないから第３段階＝第４段階は商業用役生産＝サービス市場における用役提供＝商品販売過程になる）、そのなかから調達資本の種類に応じて返済等をするのである（第５段階）。

　これらのことは、金融過程を担う貸付資本・証券投資資本等についてもほぼ同様である。ただし、これらの資本の場合には、仕入れて販売するものは商品ではなく、資本（商品等の等＝カネ）そのものになる。

（4）サービス（狭義）資本の循環過程
【サービス（狭義）資本の循環過程と純付加価値】
　表Ⅵ－４は、サービス（狭義）資本の循環過程を描いてある。

　サービス（狭義）資本の循環過程についてもサービス（商業・金融等）資本の循環過程と同じく、第１段階から第５段階までの各段階が必要とされる（正確にいうと、それらのほか第１段階の前に企画・決定の段階、第５段階の後に事後検証の段階もある）。

　表Ⅵ－３・表Ⅵ－４両表の比較から分かるように、サービス（商業・金融等）資本の循環過程では販売用の商品・カネの仕入があるが、サービス（狭義）資本の循環過程では仕入がないので在庫がなく、付加価値はサービス（用役）そのものと一体化されるという特徴がある。

　それ故、サービス（狭義）資本の循環過程については、産業資本（メーカー）の循環過程と同様に、純付加価値は、❾式の生産即提供されるサービス（用役）のなかに、前段階の産業資本等が産出した価値としての前給付費用とともに含ま

れている。

　サービス（狭義）資本としては、運輸・通信・電力・ガス・不動産・飲食・宿泊・医療・福祉・学習・各種サービス等及び国・地方公共団体等があり、たとえば、運輸資本・不動産賃貸資本及び公的資本については、それぞれ次のことがいえる。

【運輸資本の循環過程】

　運輸資本では、表Ⅵ－4の「サービス（狭義）資本の循環過程」の❾式における投資過程が建設過程（第2段階）になり、「サービス市場における用役提供＝増殖資本」（第4段階）については、運輸サービス施設建設投資が完了すると、運輸サービス（用役）生産（第3段階）即サービス市場における用役提供（第4段階）が開始されるが、常にそれらの用役の全部が消費されるわけではないから、用役提供＝増殖資本のように見えるが、実際にはほとんどの場合、≠となることに留意する必要がある。

【不動産賃貸資本の循環過程】

　不動産賃貸資本では、表Ⅵ－4の「サービス（狭義）資本の循環過程」の❾式における投資過程が建設過程（第2段階）になり、「サービス市場における用役提供＝増殖資本」（第4段階）については、建設が完了すると、不動産サービス（用役）の生産（第3段階）即サービス市場における不動産用役の提供（第4段階）が開始されるが、やはりサービス（狭義）資本一般と同じく常にそれらの貸ビル及び貸マンションが満室になるわけではない。

　産業資本の循環過程の場合には、在庫率の増加又は稼働率の低下による製品の減少に基づく貨幣資本への転化の遅れの問題となるが、ここでは、同様の問題が不動産用役としての貸ビル及び貸マンションの空室率の高低として現れるのである。

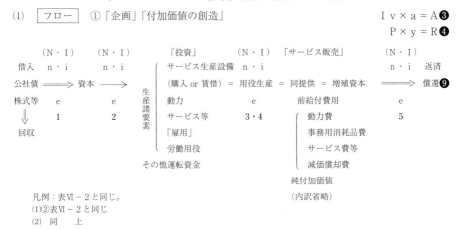

表Ⅵ-4　サービス（狭義）資本の循環過程の明細表

(1) フロー ①「企画」「付加価値の創造」

$$Iv \times a = A\ ❸$$
$$P \times y = R\ ❹$$

凡例：表Ⅵ-2と同じ。
(1)②表Ⅵ-2と同じ
(2) 同　上

【甘い企画下の「財テク」と企業統治】

　本来、これらの不動産賃貸資本の経営者は、設備投資資本の回収よりさらに超長期を要するから、この公式の、資本から増殖資本までの循環の企画において厳しい利益稼得見通しを持たねばならないのに、産業資本・不動産分譲資本・建設資本の経営者等と同様に、1980年代後半のバブル景気時（別図Ⅶ）には、貸ビルについては、①「自由化」「国際化」等に伴う過剰なビル需要期待の下で、銀行等の強い勧めによる間接金融に加えてエクイティ・ファイナンスによる直接金融で得た過剰な資金をフルに利用してそれを取得（サブリース物件を含む）するほか、②その余剰資金を賃貸不動産資本としてではなく、貸付資本として「財テク」（土地の投機的取得を含む）に励んでいた。そして貸マンションについては、過大な地価上昇期待に基づき、資産家の相続税対策として、銀行・保険会社等は、強引に間接金融を推し進めていた[9]。

　不動産賃貸資本と銀行・保険会社等のこのような危険な行動に対する政策当局者等のパフォーマンスについては、（1）の最後のところで述べた①～③が、バブル景気時の不動産賃貸資本に対して一層直接に当てはまるものであったということができる。

【公的資本の循環過程】

　国・地方公共団体等の公的資本では、公的投資の場合は、表Ⅵ－4の「サービス（狭義）資本の循環過程」の❾式における投資過程が建設過程（第2段階）になり、「サービス市場における用役提供＝増殖資本」（第4段階）については、建設が完了すると、公的サービス（用役）の生産（第3段階）即サービス市場における公的用役の提供（第4段階）が開始されるが、やはり稼働率の低いものが多いために常に問題になっている。

【利子・配当・地代・家賃等は、純付加価値の分配分】

　以上の表Ⅵ－2・表Ⅵ－3及び表Ⅵ－4で述べた通り、純付加価値は、製品・商品又は用役のなかに、前段階の産業資本等が産出した「価値」としての前給付費用（動力費・事務用消耗品費・サービス費等及び減価償却費）とともに含まれている。

　したがって、本来的に、利子・配当・地代・家賃等は、純付加価値の分配分であることが重要である。すなわち、同表のフローの数式において、❹式のP×y＝R[10]は、❸式のIv×a＝Aに含まれている。それ故、純付加価値の成長の範囲内で、利子・配当・地代・家賃等の成長、したがってこれらを資本還元した元本の成長も可能となる。そして、同表の資本の循環過程では、モノの生産過程で生み出される純付加価値が基本になる。さらに土地の購入の場合には、留保利益と減価償却費（減価償却累計額）が購入財源になるから、減価償却費を加えた粗付加価値も重要になる。

【地代・家賃等の財源は人・税控除後粗（純）付加価値】

　地代・家賃等は、このように粗（純）付加価値を財源として支払われるが、さらにいえば、それらは粗（純）付加価値から人件費・租税公課を控除したもの（人・税控除後粗（純）付加価値という）を財源として支払われるものということができる。それ故、粗（純）付加価値のなかで、地代・家賃等は、人件費と租税公課の動向から大きい影響を受けるということもできる。租税公課のうちの主なものは、固定資産税・都市計画税であるから、これらの税の動向は、貸主の地代・家賃等及び自己所有で自己使用企業及び家計主体の自己地代・家賃等にも大きい影響を与えるものである。

【名目 GDP と人・税控除後粗（純）付加価値】

　この個別企業の粗付加価値（二重計算を避けるために中間投入額（原材料・動力等）を控除したもの）を合計したものは、経済全体の GDP（国内総生産）であるから、長期的に見て土地価格（名目）の伸び率は、名目 GDP の伸び率とほぼ合致するといわれている（個別企業の純付加価値の合計に間接税を加え、補助金を差し引いたものは、経済全体の国民所得である）。

　しかしながら、ここで述べたように、名目 GDP（又は名目 GNP ＝名目 GDP ±海外要素所得）よりも粗又は純付加価値、さらには人・税控除後粗（純）付加価値を採用した方が、一層地価に接近し易くなるのである。

【「被雇用等」の「可処分所得の稼得」過程】

　表Ⅵ－2(1) フロー ②「被雇用等」の「可処分所得の稼得」過程から分かるように、人間生活の「消費」の住に関係する地代・家賃は、給与等又は年金を財源として支払われるものということができる。可処分所得は、給与等又は年金から所得税・住民税及び社会保険料を控除したものである。したがってそれは、これらの所得税・住民税及び社会保険料の動向から大きい影響を受けるものである。

　表Ⅵ－2(2) フローの逆算 における、❼式の $P = \dfrac{R}{y}$、フローの❹式の P × y ＝ R から P を求めたものである。具体的にはそれは、土地投下資本が他の生産設備・原材料及び労働用役とともに生産過程等で生み出した、①期待純付加価値の分配分、又は②期待純付加価値の分配分としての可処分所得で賄われる地代もしくは帰属地代 R を、土地期待還元利回り y で資本還元したものである。

（5）労働用役提供力等の更新過程とその諸段階
【住宅取得の場合】

　表Ⅵ－5 は、借家ではなく、住宅取得の場合の労働用役提供力等の更新過程を描いたものである。①労働用役提供力の更新過程は、文字通り労働用役を提供する力を養う過程であり、②労働用役提供力等の等は、労働用役の提供による賃金等の稼得は人間生活を支える基礎的な側面を持つものであるが、健康で文化的な生活を向上させる力を養う過程という重要な側面を指すものであり、人間生活には、②がむしろ重要であり、①はその手段であることを忘れるべきではないことをここでつけ加えさせていただく[2]。

表Ⅵ－5では、労働用役の更新は、❿式の用役のなかの前給付費用（食費・衣料費・住居費・サービス費及びその他費用）の支出による消費として行われている。

【フローの地価とストックの地価】

表Ⅵ－2❼式の地価 $P = \dfrac{R}{y}$ は、フローから捉えた地価である。この地価は、本来、資産（ストック）としての土地価格と等しくなるべきものであるが、日本では政策等の影響を受けて、①フローとしての地代の変動率がストックとしての地価のそれと著しく異なっていたこと、②土地還元利回りが変動することにより、それらの両者が長期にわたり乖離していたのである。

【賃金の資本還元は？】

ところで、表Ⅵ－2❹式の $P \times y = R$ は、❼式の $P = \dfrac{R}{y}$ に置き換えることができたが、❻式の $W \times y' = R$ は、収入が不労所得でなければならない[11]から、資本還元をすることができないことに留意する必要がある。

ただし、$W = \dfrac{R}{y'}$ は、$\dfrac{1}{y'} = m$（倍率）とすると、$W = Rm$ となるから、Rを地代の代りに、住宅ローンの予定年間利息込支払額と見て、給与等Wが当該支払額Rのm倍以上あるかという支払可能性を見るのに、形を変えて利用されている。

【企画の段階】

表Ⅵ－5における「労働用役提供力等の更新」過程に入る前の企画の段階では、生活主体は、次の第1段階から第5段階までの計画をしっかり立てておくこと、具体的には、第1段階の住宅等取得に相応する資本調達内容と第5段階の借入に対する返済計画を基礎づけるものとして、第4段階の可処分所得稼得の的確な見通しの下に、第2段階のイニシャルコスト（住宅取得費等）と第3段階のランニングコスト（可処分所得を財源とする住宅ローンの元利金支払を含めた生計費総額）の両者につき、事前の厳しい計算に基づいて把握しておくことが重要である。

【決定の段階】

企画の段階で検討された住宅等取得計画のうち、これまでは家計主体にとっての最善のものが決定され、実行されてきている。しかし、現時点では、家計主体にとってだけではなく、自然と社会（環境）にとっても最善のものであることが重要である。すなわち、その住宅等取得は、自然と社会（環境）との関連におけるSRI（社会的責任投資）でなければならない時代を迎えているということである。

表Ⅵ-5　労働用役提供力等の更新過程（住宅資金中心）の明細表

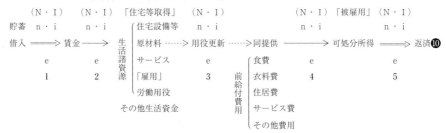

凡例：……>は、労働用役提供力等の更新過程。
　　　その他は、表Ⅵ-2と同じ。

【第1段階＝賃金調達過程】

　これらの各段階について、表Ⅵ-5❿式の「貯蓄・借入⟹賃金」（第1段階＝賃金調達過程）は、①頭金等のための可処分所得からの貯蓄（自己資金の調達）、②金融市場（狭義の信用市場）での銀行・信託等からの借入（間接金融による他人資金の調達）による住宅資金（ローン）の調達を意味している。

　実際の調達にあたっては、①②について返済期間と資金コストの組み合わせが重要である。

【第2段階＝住宅等取得過程】

　❿式における「賃金⟶生活諸資源」（第2段階＝住宅等取得過程）については、①住宅等取得における生産手段[12]と労働用役との結合の仕方（在来工法かプレハブの建築をするか又は建売かマンションの購入をするか等）と、②住宅建設投資完了後の労働用役更新過程における住宅の用役提供の内容（太陽光発電・雨水利用・バリアフリー・非シックハウスか否か、及び住宅・耐久消費財の全部又は一部の購入か賃借かを含む）とは、自然環境と生活の質の差に重要な影響を与えるから、それらをそれぞれ量的質的に区別して捉える必要がある。

【第3段階＝労働用役提供力更新過程】

　❿式における「生活諸資源---＞用役更新---＞同提供」（第3段階＝労働用役提供力更新過程）は、家庭において健康で文化的な生活を向上させるためにより多くの可処分所得を稼得する基礎づくりとしての、人間生活の繰り返しによる労働用役提供力の更新過程である。

【第4段階＝可処分所得稼得過程】

　この❿式の「被雇用」における「同提供──→可処分所得」（第4段階＝可処分所得稼得過程）では、提供する労働用役の充実（熟練度を高めること）による可処分所得の上昇の程度が住宅・家具類・各種電化製品・車等の取得及び教育をはじめとした生活の量的質的向上に重要な影響を与えるのである。

【第5段階＝返済過程】

　本来、生活者としての個人は、住宅資金（ローン）の返済（第5段階＝返済過程）には産業資本における設備投資資本の返済以上にかなり長期を要するから、この❿式の、資金の調達から可処分所得の稼得まで（第1段階〜第4段階）の住宅ローン中心の労働用役更新の循環の企画において、厳しい住宅ローン元利金支払見通しを持って住宅取得計画を推し進めなければならない。

【甘い計画下の「住宅取得」と銀行等のチェック】

　しかるに、全体としての資金過剰の下でバブル景気時には、住宅ローン利用者は、①住宅の一層の値上り期待と、②可処分所得の上昇による返済資源としての所得残余分[13]の増加期待により、多少の無理をしてでも、過大な住宅ローンに依存して早期の住宅取得に励んでいた。

　この場合にも、銀行等は、激しい貸出競争の下で、個人の住宅ローンについてもチェックとしてのモニタリング機能を放棄していたのである。

【借家の場合】

　念のためにつけ加えると、借家の場合には表Ⅵ−5において、第1段階＝賃金調達過程では、原則として可処分所得から貯蓄部分を控除した残余部分を生計費に充てるから借入は起こらない。第2段階＝住宅等取得過程では、原則として敷金・保証金等に対しては貯蓄部分を充てるからやはり借入は起こらない。第3段階＝労働用役提供力更新過程では、住む家による差はあるが、原則として住宅等取得の場合と同様である。しかし、住宅資金（ローン）の利払いと返済がない（家賃等の方が安い）から、住宅等取得者よりもかえって優位な生活水準を保つことができる可能性もある。第4段階＝可処分所得稼得過程では、原則として住宅等取得の場合と同様である。第5段階＝返済過程では、原則として家賃等の支払だけで住宅資金（ローン）の借入がないから当然のこととして利息込みの元本支払もないことになる。

注

1）小林英男「付加価値」（金森久雄編『経済用語辞典』第 2 版 東洋経済新報社 1979. 11）。付加価値とは、「企業が「事業を通して 1 年間に、どれだけの富を生み出したか」を数値化したもの」という方が分かり易いかもしれない（澤上篤人記事「付加価値を分析して長期投資銘柄を発掘しよう」『ダイヤモンド』3 号 2005.12）。

2）企業活動の企画の過程において、生産手段については、その内訳としての労働手段（生産設備）と労働対象（原材料）とを結合させる設計理念のあり方が、リサイクルに決定的な影響を及ぼすことも重要である。

　　これについては、新古典派経済学が、「労働市場で評価される限りでの人間の能力」を「人的資本」として捉え、「賃金をその貸し借り、レンタル価格」と見なしていて（稲葉振一郎著『「資本」論』ちくま新書 2005.9）、この方が現状に合っているように見える。しかし、人間は、健康で文化的な生活を向上させる力をも備えていて、その力を発揮させるために労働市場で労働用役を提供するための契約を結ぶのであるから、労働市場に限定しているものとはいえ、人間の能力を「人的資本」として捉えること自体が間違いであるといわざるを得ない。

3）「危うし！IT 立国」『日経ビジネス』17 号 2007.7。

4）2）段落二つ目の図書、及び青木昌彦著 永島浩一訳『日本経済の制度分析』筑摩書房 1996.8。

5）ROI（投下資本利益率 $= \dfrac{\text{経常利益} + \text{支払利息}}{\text{株主資本} + \text{社債} + \text{借入金}}$）という指標もあるが、これは、主として個別又は事業部門別プロジェクトへの投資の効率性を図る尺度として用いられるもので、使用総資本利益率とは目的を異にするものである。この場合、利益は、資本の増殖分としての利益のほか利息等込税引後利益も重要である。

6）コーポレート・ガバナンスについて、松村勝弘教授は、「経営者の適正な経営行動を促そうとするもの」であるほか、「経営者の積極的な企業家精神をバックアップし企業をして成長発展せしめ、ひいては経済社会の発展を促そうとするもの」とされている。そして、それは、「社会的価値を創出するための適切な権力行使を求めるもの」で、「企業家精神の発揚を考えるもの」である反面において、「その行き過ぎを抑制するもの」であるとされている。さらに、それについて、「銀行による規律」と「金利による規律」に変わるものとして、渡辺茂・山本功論文の次の三つを挙げておられるのが参考になる。①経営者の強い自己規律、②社外取締役の制度化や積極的起用、③資本市場の機能強化。松村勝弘著『日本的経営財務とコーポレート・ガバナンス【第 2 版】』中央経済社 2001.10。

　　しかしながら、それらの支えとして、「「生態系主主義」による持続的共生の理念」が必要であることを強調しておきたい。

7）①宇沢弘文著『近代経済学の再検討』岩波新書 1987.5。同教授は、自然を自然資本として、インフラサービス（ハードとソフト）を社会資本として捉え、そして両者を社会的共通資本としておられる。しかしながら、人間が投資を行ってきた自然の側面（たとえば土地・水等）もあるが、人間がまだ投資を行っていない自然の側面（たとえば大気・太陽光等）が大きいから、自然資本とすると、後者の自然が概念として脱漏することになる。それ故、自然と資本は峻別する必要があるのではないか。②ポール・ホーケン、エイモリ・B・ロビンス、L・ハンター・ロビンス著 佐和隆光監訳、小幡すぎ子訳『自然資本の経済』日本経済新聞社 2001.10。

8）「市民による日本環境報告」『世界』岩波書店 1996.11、中西準子著『水の環境戦略』岩波新書 1994.2、東京理科大学特別教室編『地球環境の現状をめぐって』東京理科大学出版会 1992.3。

9）たとえば、椎名麻紗枝弁護士（「銀行の貸手責任を問う会」事務局長）へのインタビュー「「不良債権処理」の陰で─銀行被害者の視点から考える」岩波書店『世界』1号2003.12。

10）土地価格は、本質的には収益価格であるが、いったん果実としての地代を資本還元した元本としての土地価格が全面的に成立してくると、今度は逆に、その元本としての土地価格から果実としての地代を求めるようになるのである。

11）利子生み資本の運動が確立した段階になると、元本の貸出に対して規則的に果実の利子が得られるという関係が転倒して、果実→元本、すなわち利子の収入が規則的に反復して得られると、その収入がたとえ利子でなくても、すべて貸付資本の果実として、それを現実に生み出している中味とは別に、その背後に利子を生む貸付資本があるものと推定かつ擬制されるようになる。この場合の擬制された元本としての貸付資本（たとえば地価・株価等）が典型的な擬制資本（又は架空資本）であり、その大きさは果実を利回りで資本還元した数値に落ち着こうとする。

このような典型的な擬制資本が成立するためには、①果実は不労所得でなければならないし、②果実がそれぞれの利回りで資本還元された元本の譲渡は自由でなければならないのである。

12）住宅及び耐久消費財については、人間生活の企画の段階において、①住宅の用役提供の内容（太陽光発電をし、雨水利用でき、バリアフリーで、シックハウスでないこと）を満足させるほか、②それらを長持ちさせたうえ、③廃棄の過程で容易にリサイクルできるという設計理念が重要である。

13）所得残余分とは、将来の付加価値の分配分としての可処分所得から生計費（住宅ローンに対する元利金支払前のもの）を控除した残余の部分をいう。

VII. 資産価格変動と自然環境問題

―株価算式 PER から不動産価額算式 PPR と PDR を導く―

---

1. 自然環境問題の基本哲学

　バブルは世界的に過剰な投資を助長して、バブル崩壊後に未稼働又は低稼働の設備や建物を生み出す。自然環境問題が厳しさを増している下で、それらは資源の膨大な浪費であるから、何としてもバブルの膨張を防がねばならないのである。

【自然環境問題の基本哲学】

　自然環境問題の基本哲学は、「生態系主主義」（エコクラシィ）により行動することである。

　一般的には民主主義は、フランス革命・アメリカ独立戦争等を通じて人民が闘いとった制度である。この制度は、そこでは人民が、主権を持ち自らの手で自らのために政治を行い、自らの自由と平等を保障しているという秀でたものである。しかし、他方ではこれから生まれてくる者の声や、動植物の本能に基づく情動等が反映されることはないのである。

　それ故、「民主主義」を超えた「生態系主主義」が必要とされるのである。

　つまり "Eco-cracy" =「生態系主主義」（エコクラシィ）とは、生態系のつながりを顧みなかった過去を反省して、現在から将来に向かっての生態系全部の支配的な権利を認めること、すなわち人間が自己の生のために生態系の生を利用させてもらっていることを自覚し、自然の持続可能な物質代謝の法則を最優先して、生態系の一部にすぎない人間とその他の生態系全部との共生を最重要視することである。

【本質的な原因と責任の追及問題】

　日本ではこれだけの破壊的なバブルを惹起した責任追及が残されている。敗戦直後には幣原喜重郎内閣が「戦争調査会」を設けて、開戦、敗戦の原因を明らかにしようとしていたのに、GHQ によって 1 年弱でそれを止められたことで不完のままとなっている。そのこともあってか、その後は何事が起きても「官僚の無

謬性」にかこつけて、残念ながら重要なその本質的な原因と責任の追及を問うていないのが問題なのである（同様の失敗を繰り返すおそれがある）。

【バブル】

日本独特の「自己責任論」（バブル崩壊の責任は過剰な期待に基づき投資をした各当事者に責任を負わすこと等）は、政策当局者・金融機関経営者等が責任を逃れるのに都合のよい口実を与えてしまっていることもここで指摘しておかねばならない。

自然環境問題が厳しくなってきている[1]ときに、筆者は、バブルの生成と膨らみを回避することができるように、これまで、研究発表を続けてきている。

筆者の研究では居住用不動産について、日本及び米国におけるバブル部分を、図I-3・図I-4・図I-5に示してある[2]。

日本の図の起点は、住宅価額が年収の6倍の時点である（2005・2006年に両者が再び接することにより東京・大阪圏で地価が底打ちしたのである（表I-1）。ただしこの表では東京・大阪圏ともに起点を1979年にすることができている）。米国も日本と類似の動きをしていることが注目される。

これらの図のように不動産価格バブルを捉えて早期に不動産金融を引き締めることにより、不動産価格バブルの膨張を回避することができるようになる筈である（これらの図によりバブルは関連する統計数値が把握できるまでのタイムラグがあるにしても、不動産価格バブルが膨張して消滅するはるか以前に捉えることができるのである）。

研究発表では、「居住用不動産の購入可能倍率」[2]について、年収（又は可処分所得）対する一般的な倍率を捉えることができていたが、「事業用不動産の購入可能倍率」[2]については、財源粗付加価値に対する一般的な倍率を捉えることができていなかった。

そこで後者について徹底追及したところ、財源粗付加価値を整理して「返済資源」に辿り着くことにより、株価算式のPERと同様の算式を導き出して、一般の理解を容易にできるであろうことが分かった。

ところで、このようなバブル時に、筆者は、土地価格の本質は、擬制資本としての収益価格であるという考えに基づき、次のような行動をとっていた（それらのほかにも多くの事例があり、筆者の説明を了としなかった者は③のように膨大

な損失を被っている）。

①　筆者は、既述の通り、その資産（不動産と株式）バブルを理論的・実証的に
把握し、1989 年 11 月の日本不動産学会で報告[3] していた。

そこでは適正な通貨供給量を決定するための一つの指標であるマーシャルの
k（（M2 ＋ CD）／名目 GDP）の分子分母を変動率（以下「MGV」という）と
して捉え、その推移と地価・株価等の推移を図Ⅶ－ 1（以下「バブルグラフ」と
いう）のように描いて近い時期のバブル崩壊を予測していた。

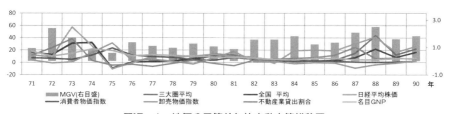

図Ⅶ－1　地価公示等前年比変動率等推移図

②　筆者は、某公共機関の用地対策委員をしていたときに、理事全員に集まって
もらって「バブルグラフ」に基づく説明を行うことにより、それ以降バブルの
崩壊まで土地取得を止めて、高すぎる土地取得による税金の無駄遣いを防ぐこ
とができていた。

③　関係先のマンション分譲業者が、マンション素地の取得にあたり、当時の国
土法による義務としての鑑定評価依頼を受けたときに、筆者は自己の利益を顧
みずに、「バブルグラフ」を示し、バブルがやがて崩壊するからもう取得して
はいけないと説明してそれを何度も断っていた（それにもかかわらずその業者
はほかから入手した鑑定評価書により素地を取得し続けていたため、バブルの
崩壊後は銀行管理の下におかれてしまっていた）。

④　関係先の会社が主取引の市中銀行から米国の不動産の取得を勧められて意思
決定を迫られていたときに、筆者は、「バブルグラフ」を示して、絶対に OK
してはいけないと引き留めたので、米国の不動産の取得による損失を免れるこ
とができていた（当時カネ余りの日本からは 2 割高で米国不動産を買い向かっ
ていた）。

しかしながら、リーマンショック時に主要先進諸国の政策当局者が、危機に陥っ

た金融機関を助けるために金融超緩和政策により膨大な資金を供給した[4]ので、①のMGVの分子が分母に比べ一方的に大きく膨らんで使えなくなってしまった。それ故、現時点ではバブルのチェックに必要な新しい指標の開発を迫られている。

Ⅲ.1.の論文Cでは、それらを踏まえ正常な活動をしていると見られる現状とバブル時代とについて、より詳しい分析をするために、全産業・製造業・非製造業の数値の動向との比較において、当時「不動産融資総量規制」が対象とした不動産業、建設業、ノンバンクの3業種うち非製造業の内訳としての前2業種の数値の動向をも見ることとした。

そこでは簿価により、不動産業と建設業の事業用不動産購入可能財源率PARのほか、借入金等返済可能期間・固定比率・固定長期適合率につき全産業・製造業・非製造業のそれらと比較して、現状（2013～2017年）とバブル時代（1988～1992年、一部1993年を含む）の数値を見てきた。

しかしながら簿価ではなく時価が重要であるから、ここでは、Ⅲ.1.の論文Bに加えて次の作業を行うことにより、時価の近似値を捉えることとした。この数値は政策提言にとって非常に貴重なものと考えられるので、ここで説明しておくこととしたい。

したがってここでは、①不動産価格を株式価格との比較により擬制（仮想）資本について分かりやすく解説をし、②基礎となる事業用・居住用不動産購入財源としての粗付加価値の説明を加えたうえ、③株式価格の算式の説明をし、④事業用不動産価格と居住用不動産価格につき後者の有名なPERの算式から、それぞれ不動産価格の本質につながる同様の算式を導き、⑤最後に不動産価額返済資源率PPR（事業用不動産期待購入可能財源率）のほか、借入金等返済可能期間・固定比率・固定長期適合率につき、簿価ではなく時価の近似値を捉えて、これまでの3回の地価上昇とそれらの事前（ただし岩戸景気期前の数値は入手できなかったのでその期を除く）の動向を知ることにより、今後のバブルの回避に資することとしたい（③④については上記論文に図を加えて説明を行っている）。

2. 擬制（仮想）資本

不動産価格と株式価格とは、理論的には擬制（仮想）資本として、類似の性質を持つものである[2]。それ故、不動産価格（事業用と居住用）についても、株式

価格としての有名な算式である PER（株価収益率）と同様の方法により不動産価格（事業用と居住用）の算式を導き出すことができる。

川合一郎は、擬制資本について、「利子生み資本の運動が確立している下においては、定期的、継続的に入ってくるあらゆる所得は、たとえそれが利子として契約されたものでなくても、利子を生む資本の果実とみなされて、その背後に利子を生む資本の存在が想定されることになる。このような資本を擬制資本とよぶ」[5] としている。

「利子生み資本の運動が確立している」とは、たとえば銀行に1年契約年利5％（単利）で自動継続定期預金100万円を預けると1年後には毎年5万円の利子を得られるということである（図Ⅶ−2）。

元本預金100万円

年　利　　5％（倍率20倍）

預金利子　　5万円

図Ⅶ−2　預金利子と元本預金関係図

擬制資本はこの関係を逆に見て、年々5万円の果実が定期的に得られれば、定期預金のような元本が預けられていなくても、その背後にその性質に応じた利回りで資本還元をされた元本としての資本100万円があるものと想定されるである。このことを倍率で捉えると、100万円／5万円＝20（倍）になる（図Ⅶ−3）。

果　実　　5万円

年利倍率　　20倍（5％）

元　本　　100万円

図Ⅶ−3　果実と元本関係図

擬制資本は、その収入が不労所得であり、その権利が譲渡可能であるという特性を持っている。その具体的なものとしては、土地、株式等がある。

不動産（土地・建物）のうち土地は、もともと自然から与えられたタダのものであり、そのような土地は、人間とかかわり合いができて、はじめて価格を持つようになる。すなわち、人間が土地に改良を加える（インプルーブメントする）ことによって、土地価格の根拠が出てくるものである。しかし、そのもとになる土地にはタダの部分（人間が一度も改良を加えていない部分）があるから、土地価格は、理論的には期待地代をそれに相応しい利回りで資本還元した擬制資本（Fictitious Capital＝仮想資本 Virtual Capital）の側面からしか説明することができないものである[2]（ここでは一般の架空資本よりも仮想資本の方が適切な用語であると考えられるので後者を使用している）。すなわち擬制資本は現実資本（メーカー・商社・銀行等の機能資本）とまったく異なる性質を持つものである。

　不動産（土地・建物）のうち建物は、その全部が擬制資本でないように見えるが、建築資材と労務費等のなかには土地の使用料が含まれているから、その一部は擬制資本である。

　これらに対して株式は、払い込まれた当初には額面価格（1株20円・50円から500円さらに5万円へ上がった後、2001年9月末後は廃止）であったものが、会社の成長により内部留保が増えて時価（＝純資産価格）が当初価格を上回るようになる。そして上場会社になればその時価は純資産価格をも上回って形成されてくる[6]。それ故、その時価と純資産価格との差額という実質的な裏付けのない部分が生じるから、その時価としての株価も期待配当等（期待税引後利益）をそれに相応しい利回り（発行市場ではなく、流通市場で事後的に形成されたもの）で資本還元した擬制資本であるということができる。

3.　事業用・居住用不動産購入財源としての粗付加価値

　拙書では、「Ⅶ．事業用・居住用不動産購入財源としての粗付加価値」[2]で事業用・居住用不動産の購入財源として次のように粗付加価値が両者に共通するものとしていた。

　表Ⅶ-1で事業用不動産の購入財源は、粗付加価値（1）の減価償却費と留保利益であり、居住用のそれは、純付加価値（2）の人件費・役員賞与・配当金である（数字を入れていないものは社外流出分）。

　われわれは、企業活動又は人間生活において、生産及び流通・金融等を含めた

広義のサービス活動の諸過程並びに消費生活の諸過程等では、必ず土地・水・大気等という自然から与えられた重要な諸資源を利用している。

　それらのうち、土地には所有権が存在するから、土地用役利用の手段としては、①土地・建物等を購入するか、②借地・借家によるかしなければならない。①の場合には購入財源（元本としての株式・借入・社債等と果実としての配当・利子等）が、②の場合には地代・家賃が必要となる。図Ⅶ－４はこれらの諸関係を分かり易く描いてある。

表Ⅶ－１　製品内訳の付加価値対応表

製　品		製品（詳細内訳）		製品（粗内訳）	
前給付費用		原材料費			コスト
		動力費			
		外注加工費			
		事務用消耗品費			
		サービス費等			
		減価償却費	（1）		
純付加価値	粗付加価値	人件費	（2）	（可処分所得）	
		賃借料		分配前利益	
		租税公課			
		利息等			利益
		経常利益			
		内　法人税等			
		内　役員賞与	（2）		
		内　配当金	（2）		
		内　留保利益	（1）		
		（「蓄積」）			

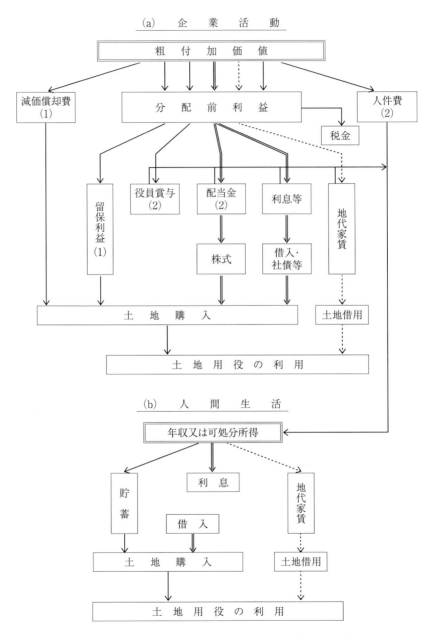

図Ⅶ－4　土地用役の利用と付加価値・可処分所得との関連図

4. 株式価格（株価）の算式

　株価については戦後1950年代までは（1）の配当還元法により説明されていた。しかし、全体としての資金不足の下で、各会社は配当という社外流出よりも内部留保を厚くし投資を増やすことにより成長を求めたから、（2）のゴードンモデル法よりもむしろ配当財源としての税引後利益増減の株価に与える影響が大きいとされるに至って、（3）の株価収益率の算式が開発されたのである。

（1）配当還元法

　配当還元法は、株主が受け取る期待配当金を配当期待還元率で資本還元して株価を求める方式（次の①式）である。

$$1\text{株当たり評価格（株価）} = \frac{1\text{株当たり期待配当金}}{\text{配当期待還元率}} \qquad ①$$

　たとえば、期待配当金が年100円で、配当期待利回りが5％であれば、株価は、2,000円となる。

（2）ゴードンモデル法[7]

　ゴードンモデル法は、（1）の配当還元法を変形したものである。企業が獲得する期待利益のうち配当に回されなかった内部留保額は再投資され、それにより利益を生み出し、配当の増加を期待できるとして株式を評価する方式（次の②式）である。この方式は、永久に同じ割合で成長するという前提で成り立っている。

$$1\text{株当たり評価格（株価）} = \frac{1\text{株当たり期待配当金}}{\text{配当期待還元率} - \text{投資期待利益率} \times \text{内部留保率}} \qquad ②$$

（3）株価収益率

　株価収益率は、株価と企業の期待収益力を比較することによって株式の投資価値を判断する際に利用される方式（次の③式）である。

　株価収益率＝PER（Price expected Earnings Ratio）

　P：株式価格（stock Price）

　E：1株当たり期待税引後利益（expected Earnings after-tax per share）

　R：株価期待倍率（stock price expected Ratio）＝ 1/y ＝ P/E

y ：株式期待益回り（expected yield of stock）

1株当たり評価格（株価）＝ $\dfrac{1\text{株当たり期待税引後利益}}{\text{株式期待益回り}}$ ： $P = \dfrac{E}{y}$ ③

この③式から次の株価を求める④式を導くことができる。

1株当たり評価格（株価）＝ 1株当たり期待税引後利益 × 株価期待倍率

$$P \qquad = \qquad E \qquad × \qquad R \qquad ④$$

たとえば、1株当たり期待税引後利益 E が年100円で、株価期待倍率 R が20倍であれば、株価 P は、2,000円となる。この例によると、R＝1/y＝2,000÷100＝20：20＝1/y：y＝0.05（5％）となる。それ故、④式は、P＝100×20＝2,000（円）となる。

すなわち、1株当たり期待税引後利益 E が年100円で、株価期待倍率（株価収益率）R が20倍とすると、株価 P は、2,000円まで買えるということになる（図Ⅶ－5）。

1株当たり期待税引後利益	100円
株価収益率	倍率20倍（利回り5％）
株　　価	2,000円

図Ⅶ－5　1株当たり期待税引後利益と株価関係図

「PER の一般的な傾向としては、企業の今後の成長期待が高いほど、将来の株価上昇を期待して買いたい投資家が増えるため、その結果株価が上昇し PER は高く」[8] なるものとされている。PER は、収益価格の算式とはいえ、現実には株式の銘柄によっては期待成長率が高くて通常の15〜20倍を超えてかなり高くなるものもあり、さらにロボット取引が買いを集中して行き過ぎをもたらすことがあることに留意しなければならない。

5．不動産価格の算式

（1）事業用不動産価格粗付加価値率

　企業が事業用不動産を取得した場合でも、事業用不動産（土地・建物）価額のうち地価には株価と同様に擬制資本としての共通性があるから、次のように4．（3）の株価収益率④式と同様の⑥式を導き出すことができる。

　事業用不動産価額粗付加価値率

　　= PcARc →略して PAR（Price expected Added value Ratio）

　Pc　：事業用不動産価額

　　　　（commercial property Price）・（Price of commercial property）

　A　：財源期待粗付加価値

　　　　（Funds expected Gross Added value）・（expected Added value）

　Rc　：事業用不動産購入可能期待倍率 = 1/yc = Pc/A

　　　　（expected purchasable multiplier for commercial property）・

　　　　（commercial property purchasable expected Ratio）

　yc　：事業用不動産期待利回り（expected yield of commercial property）

$$\text{事業用不動産価額} = \frac{\text{財源期待粗付加価値}}{\text{事業用不動産期待利回り}} \quad : \quad Pc = \frac{A}{yc} \qquad ⑤$$

この⑤式から次の事業用不動産価額を求める⑥式を導くことができる。

　事業用不動産価額 = 財源期待粗付加価値 × 事業用不動産購入可能期待倍率

　　　　　　Pc　　=　　　　　A　　　　×　　　　　Rc　　　　　⑥

財源期待粗付加価値は、粗付加価値－人件費－賃借料（賃借の代わりに購入するのであればその該当分は財源に加算）－租税公課－利息等－法人税等－役員賞与－配当金（これらの控除科目はすべて借方項目のもの）の算式により得られるものである。粗付加価値は、減価償却費＋人件費＋分配前利益 で求められる。分配前利益は、賃借料＋租税公課＋利息等＋経常利益 で算出される額である[2]。経常利益は、法人税等＋役員賞与＋配当金＋留保利益 に分かれる。それ故、これらを整理すると A は返済資源と同様の、減価償却費＋留保利益 となる。これらの数値は将来の期待数値であるから、すべて前期以前の数値に基づき、現在の経営条件において予測可能な数値により求めることになる。

　⑥式について、たとえば期待返済資源 A が年5億円で、事業用不動産購入可

能期待倍率 Rc（事業用不動産購入可能期待返済資源率 PPR）が 10 倍であれば、事業用不動産価額 Pc は、50 億円となる。この例によると、Rc＝1/yc＝50÷5＝10：10＝1/yc：yc＝0.10（10％）となる。それ故、⑥式は、Pc＝5×10＝50（億円）となる。

　すなわち、期待返済資源 A が年 5 億円で、事業用不動産購入可能期待倍率 Rc が 10 倍とすると、事業用不動産価額 Pc は、50 億円まで買えるということになる（図Ⅶ－6）。

図Ⅶ－6　期待返済資源と事業用不動産購入可能期待倍率関係図

　筆者があるメーカーの正常経営の場合のデータによる試算をした結果では 3 倍弱であった。時価ではなく簿価により便宜的に試算をしてみると、2017 年 3 月期の全産業・製造業（詳細が無いので機械等を含む）・非製造業では、6.7 倍・5.1 倍・7.4 倍（1 期前は 7.7 倍・6.0 倍・8.4 倍）の数値が得られている[7]。

　いずれにしてもこの倍率は重要な指標であるから、各個別企業毎に時価に基づき正常経営の場合の各データによる試算をして、Rc の数値を捉えておく必要があることを強調しておきたい。

　ここで用いているのは永久還元法であるから、建物については、次の説明が必要になる。建物完成時点以降毎回、耐用年数終了時の取り壊し費用に対する「資産除去債務」の仕訳①と、①に準じた考え方により建物更新期間の期待賃料に対する「建物更新期間期待賃料補填引当金」の仕訳②とを行うことによる賃料収受の継続性を前提とするのである。

①取得時（現在価値）：

　　借方「有形固定資産」／貸方「資産除去債務」

　毎決算時：

　　借方「減価償却費」　　／貸方「減価償却累計額」

借方「利息費用」　　　／貸方「資産除去債務」（現在価値逓減分）

②取得時（現在価値）：

　借方「売上収益」　　　／貸方「建物更新期間期待賃料補填引当金」

　毎決算時：

　借方「売上収益」　　　／貸方「建物更新期間期待賃料補填引当金」

　　　　　　　　　　　　　　　　　　　（現在価値逓減分）

（「売上収益」は外部仕入控除後の粗付加価値）

「国際会計基準」の「IAS」16 と 37 は、「資産除去債務」とは、特定期間内の棚卸資産を生産するために生じた債務以外の、「法的債務」及び「推定的債務」（過去の経験から確立されたものにより企業が外部者にある債務の受諾を表明するもの）であり、有形固定資産を保有及び使用することにより生ずる当該資産の解体及び除去費用、敷地の現状回復費用などの当初見積額をいうものとしている。

　それを受けて「日本基準」は、「企業会計基準」第 18 号（及び同適用指針第 21 号）で、「資産除去債務」とは、「有形固定資産の取得、建設、開発又は通常の使用によって生じ、当該有形固定資産の除去に関して、法令または契約で要求される法律上の義務及びそれに準ずるものをいう」としている。

　見られるように「日本基準」と「国際基準」はともに狭すぎるので、ここではそれにとらわれずに「国際会計基準」を参考に仕訳を行っている[9]。

　PAR 又は PPR は、各企業ごとにかなり相違すると考えられるから、それぞれ正常な経営下での前期以前の数値に基づき、現在の経営条件において予測可能な数値により求めておくことを勧めたい。

（2）居住用不動産価額年収率

　居住用不動産（土地・建物）価額についてもその内訳の地価には株価と同様に擬制資本としての共通性があるから、次のように 4.（3）の株価収益率の④式と同様の⑧式を導き出すことができる。

　居住用不動産価額年収率＝PrIRr →略して PIR（Price expected Income Ratio）

　Pr ：居住用不動産価額

　　　（residential property Price）・（Price of residential property）

　I ：期待年収（expected annual Income）・（expected Income）

Rr ：居住用不動産購入可能期待倍率 = 1/yr = Pr/I（通常 Rr ≒ 5.5 ～ 6）

　　　（expected purchasable multiplier for residential property）・

　　　（residential property purchasable expected Ratio）

yr ：居住用不動産期待利回り（expected yield of residential property）

$$居住用不動産価額 = \frac{期待年収}{居住用不動産期待利回り} \quad ; \quad Pr = \frac{I}{yr} \qquad ⑦$$

この⑦式から次の居住用不動産価額を求める⑧式を導くことができる。

居住用不動産価額 ＝ 期待年収 × 居住用不動産購入可能期待倍率

$$Pr \qquad = \qquad I \qquad × \qquad Rr \qquad\qquad ⑧$$

⑧式についてたとえば、期待年収 I が年 5 百万円で、居住用不動産購入可能期待倍率 Rr が 6 倍[2]であれば、居住用不動産価額 Pr は、3 千万円となる。この例によると、Rr = 1/yr = 30 ÷ 5 = 6 : 6 = 1/yr : yr ≒ 0.167（16.7%）となる。それ故、⑧式は、Pr = 5 × 6 = 30（百万円）となる。

すなわち、期待年収 I が年 5 百万円で、居住用不動産購入可能期待倍率 Rr が 6 倍とすると、居住用不動産価額 Pr は、3 千万円まで買えるということになる（図Ⅶ－ 7）。

期　　　待　　　年　　　収	5 百万円
居住用不動産購入可能期待倍率	倍率 6 倍（PIR：利回り 16.7%）
居 住 用 不 動 産 期 待 価 額	3 千万円

（期待年収が期待可処分所得のときは PIR が PDR になる：次記参照）

図Ⅶ－ 7　期待年収と居住用不動産購入可能期待倍率関係図

PIR については、平均的な年収を稼得する家計主体は、住宅価額（土地価額を含む）に対して、一般的にはその年間総返済額の返済財源である I の約 5.5 ～ 6 倍までのものしか買えないものとされていることが重要である。（期待年収 I よりも税金・社会保険料を控除した期待可処分所得 D を使う方がより正確になるから、PIR は PDR（Price expected Disposable income Ratio：r を省略）になる）。

当該数値については、リーマンショック以降の住宅ローン金利の低下により徐々

に上向いてきている。そして最近の傾向を見ると、2019年には東京圏で7.8倍、大阪圏で7.1倍まで上昇してきているから（表Ⅰ-1）、住宅ローン金利の低下や、共稼ぎによってもカバー仕切れない水準にまでなってきているように考えられる。

　最近では外国人好みの不動産に対して理屈抜きの購入も生じている。

　以上の説明でご覧のように、ここでは資産価格の重要な特徴としての擬制資本について説明した後、不動産価格についても株価を求める株価収益率 PER の算式に類似した事業用不動産価格付加価値率 PAR と居住用不動産価額年収率 PIA を導き出している。

　これらの指標は、いずれも不動産鑑定評価に直接使えないかもしれないが、バブルに取り込まれることを防御することができるという重要な役割を果たすものであるから、事業用の PAR・居住用の PIR ともに積極的に利用されることをお勧めしたい。

6. 不動産価額返済資源率 PPR と関連諸比率

　この節は、時価により新たに構成し直したものである。ここでは、事業用不動産価格につき株式価格の有名な PER の算式から、5.(1) にある事業用不動産価格期待粗付加価値率では事業用不動産期待粗付加価値率 PAR（commercial property Price expected Gross Added value Ratio）（又は（事業用不動産購入可能期待返済資源率 PPR）（commercial property Price expected Purchasable Payment resources Ratio））、株価収益率と語呂合わせをすると事業用不動産価格返済資源率 PPR（commercial property Price Payment resources Ratio）、という不動産価格の本質につながる同様の算式を導くことを試みる。

　というのは、この PPR については、既述のように簿価により、全産業・製造業及び非製造業の各数値を捉え、Ⅲ.1.の論文Ｃで全産業・製造業・非製造業に加えて不動産業及び建設業のバブル期における各数値をも追求して、特に不動産業の数値が著しく高かったことを捉えていた[9] が、期間を引き延ばしてみると、同様に高い数値を示して、簿価では不動産業の特徴的な数値が、バブル期だけの特徴とはいえなくなることが分かった。そこで簿価ではなく時価の数値を改めて追求する必要が生じたのである。

（1）時価の算定

　ここでは簿価ではなく時価により、全産業・製造業・非製造業だけではなく、非製造業の内訳としての不動産業及び建設業[9]の各数値をも捉えて、これら2業種の岩戸景気期、日本列島改造の地価高騰期（以下地価高騰期という）及びバブル期と、その事前（ただし岩戸景気期前を除く）における異常な各数値を実証する。

　時価については、全産業・製造業・非製造業及び不動産業・建設業において、減価償却費、同 特別、内部留保計を a（返済資源）、土地時価、建設仮勘定、他固定資産計を b（有形固定資産：不動産業及び建設業では棚卸資産を加算）、短期借入金（ s ）、社債、長期借入金計を c（借入金等：s を含む）、自己資本を d とした（別表Ⅶ－1～5）。そしてそれらのうち、土地時価については次の作業を施して得た数値を近似的な時価とした。

　土地時価について具体的には、同年度の土地簿価に日本不動産研究所の宅地六大都市全用途平均前年比変動率を適用して求めた[10]。

　対象期間については、「もはや戦後ではない」といわれた 1955 年からとする。その期間における宅地六大都市全用途平均前年比変動率は、別図Ⅶ及び別表Ⅶに見られる通りである。

　1960 年（1回目：以下岩戸景気期という：1958.6-1961.12）、1972 年（2回目：日本列島改造の地価高騰期（以下地価高騰期という：1971.12-1973.11））、1986・1987・1988・1989 年（3回目：以下バブル期という：1986.11-1991.2）に大きい山を形成している（期間の出所は内閣府経済社会総合研究所）。（2006-2007 年にも少し上昇しているが、最後のものは地価が 2005-2006 年に漸く底を打った反動であり、2008 年のリーマンショックで直ぐに崩壊した）。

　これらの2回目と3回目の地価上昇に対して日本銀行は、金融政策として公定歩合を前者では 1973 年中に 5％から 9％に（1973 年 10 月には第1次石油危機も起きている）、後者では　1989 年 5 月に 2.5％から 3.25％に引き上げている（1979 年から 1980 年にかけて引き上げられているのは第2次石油危機に起因している）。（「公定歩合」は 2008 年以降、名称を「基準割引率および基準貸付利率」に変えている）。

　それらのなかでも特に目立つのはその山が 1986 年から 1989 年まで4年間も継

続していたことである。

　したがってここでは、株価収益率 PER の高騰が景気の行き過ぎに対する警戒信号を示すように、それらの山の形成（宅地価格の高騰）前（ただし岩戸景気期前を除く）における返済資源有形固定資産倍率 PPR の動向が警戒信号を示していたかどうかを検討する。

　対象期間における宅地価格の時価を捉えるにはその含み益を計測することが重要である。しかし、不動産業及び建設業については 1960 年前の数値が得られないので、その間のそれらの数値は全産業のもので代表させるものとする（それ故各業種については 1960 年前の含み益を反映した 1960 年以降の図と表により説明をする）。

　それらの各数値に基づき描いたものが、表Ⅶ－1～5及び図Ⅶ－1～5である。

（2）返済資源有形固定資産倍率（事業用不動産価額返済資源率）PPR

　図Ⅶ－1・表Ⅶ－1は、返済資源有形固定資産倍率 PPR 推移図・表（b/a）である。これによると、岩戸景気期の 1960 年には全産業・製造業・非製造業の数値が各 7.8、6.3、9.9 倍（逆数＝利回りは各 12.8、15.9、10.1％）であったのに対して、不動産業・建設業の数値は各 25.8、14.0 倍（同各 3.9、7.1％）の高い数値を示していた。

　地価高騰期の 1972 年には、全産業・製造業・非製造業の数値が各 9.1、7.7、10.6 倍（逆数＝利回りは各 110、13.0、9.4％）、その前の 1970 年と 1971 年には各 7.5、6.3、8.9 倍と各 8.7、7.5、10.0 倍であったのに対して、不動産業・建設業の数値は各 28.0、13.2 倍（同各 3.6、7.6％）その前の 1970 年と 1971 年には各 26.0、10.9 倍と各 29.3、10.7 倍もの顕著な姿を示していた（1975 年に不動産業の数値が大幅に上昇している理由は、赤字になったことにより内部留保がマイナスになったからである：表Ⅶ－1～5）。

　そしてバブル期の 1986・1987・1988・1989 年には、全産業・製造業・非製造業の数値につき4年間の平均数値は各 13.5、10.2、15.8 倍（利回りは各 7.4、9.8、6.3％）、その前4年間の平均数値は各 10.7、7.8、13.4 倍であったのに対して、不動産業・建設業の数値につき4年間の平均数値は各 54.2、21.8 倍（同各 1.8、4.6％）、その前4年間の平均数値は各 50.3、20.6 倍もの顕著な姿を示していた（不

動産業の数値が1991年と1994年から1998年まで大幅に上昇している理由は、赤字になったことにより内部留保がマイナスになったからであり、1992・1993年にマイナスになっている理由は、大幅赤字により返済資源がマイナスになってしまったからである）。

　基本的にはこのPPRが標準的な倍率を相当程度超えてくるときが要注意である。その標準的な倍率を比較的安定している2016-2019年の平均数値とすれば、全産業・製造業・非製造業の数値が各6.8、5.5、7.3倍（同14.7、18.2、13.7％）に対して、不動産業・建設業の数値は各16.5と6.0倍（同6.1、16.7％）が得られる。それ故後者の数値が各々の倍を超えてくるときは、バブルの警戒が必要になる。PPR以外のものについても標準的な倍率を相当程度超えてくるときには要警戒である。

　なお事後的にではあるが、バブル崩壊以降かなり経過した1998年以後に東アジアの金融危機を契機として北拓・山一及び長銀2行が破綻した時期と、2008年のリーマンショックの直後に、全産業（1年遅れ）・製造業・非製造業（同）PPR、及び不動産業・建設業（同）PPRのかなりの下落（正常化の過程）も読み取ることができる。

　ついては個々の企業でかなり事情が異なるから、これらの返済資源有形固定資産倍率PPR（事業用不動産購入可能財源率）のほか、借入金等返済可能期間・固定比率・固定長期適合率についてそれぞれ正常な経営下での前期以前の数値に基づき、現在の経営条件において予測可能な数値により求めておくこと、それらの数値を時価で捉えておくことが重要である。

（3）返済資源借入金等倍率（長・短期借入金等返済可能期間）

　図Ⅶ－2・表Ⅶ－2は、返済資源借入金等倍率（返済可能期間）推移図・表（c/a）である。これらによると、岩戸景気期の1960年には全産業・製造業・非製造業の数値が各6.5、5.3、8.2倍（年）であったのに対して、不動産業の数値は9.2倍（年）の高い数値を示していた。

　地価高騰期の1972年には、全産業・製造業・非製造業の数値が各9.2、7.3、11.3倍（年）、その前の1970年と1971年には各7.3、6.0、8.9倍（年）と各9.0、7.6、10.5倍（年）であったのに対して、不動産業の数値は21.7倍（年）その

前の 1970 年と 1971 年には 16.8 倍（年）と 20.8 倍（年）もの顕著な姿を示していた（1975 年に不動産業の数値が大幅に上昇している理由は、（2）で述べたことと同様である）。

そしてバブル期の 1986・1987・1988・1989 年には、全産業・製造業・非製造業の数値につき 4 年間の平均数値は各 11.1、6.6、14.3 倍（年）、その前 4 年間の平均数値は各 11.0、7.1、14.5 倍（年）であったのに対して、不動産業・建設業の数値につき 4 年間の平均数値は各 39.4、13.5 倍（年）、その前 4 年間の平均数値は各 39.7、13.7 倍（年）もの顕著な姿（建設業は製造業と比較）を示していた（不動産業の数値が 1991 年と 1994 年から 1998 年まで大幅に上昇している理由と、1992・1993 年にマイナスになっている理由は、（2）で述べたことと同様である）。

その標準的な倍率を比較的安定している 2016-2019 の平均数値とすれば、全産業・製造業・非製造業の数値が各 8.1、5.3、9.4 倍（同 12.3、18.9、10.6%）に対して、不動産業・建設業の数値は各 14.1 と 4.8 倍（同 6.1、14.9%）が得られる。

なお、（2）のなお書きで述べたことは、c/a 倍率についても同様である。

（4）返済資源長期借入金等返済可能期間

図Ⅶ－3・表Ⅶ－3 は、返済資源長期借入金等倍率（返済可能期間）推移図・表（(c－s)/a）である。これらによると、岩戸景気期の 1960 年には全産業・製造業・非製造業の数値が各 3.0、2.5、3.8 倍（年）であったのに対して、不動産業の数値は 4.8 倍の高い数値を示していた。

地価高騰期の 1972 年には、全産業・製造業・非製造業の数値が各 5.0、4.1、5.9 倍（年）、その前の 1970 年と 1971 年には各 3.7、3.3、4.3 倍（年）と 4.8、4.3、5.3 倍（年）であったのに対して、不動産業の数値は 13.8 倍（年）その前の 1970 年と 1971 年には 9.2 倍（年）と 12.2 倍（年）もの顕著な姿を示していた（1975 年に不動産業の数値が大幅に上昇している理由は、（2）で述べたことと同様である）。

そしてバブル期の 1986・1987・1988・1989 年には、全産業・製造業・非製造業の数値につき 4 年間の平均数値は 5.9、3.6、7.6 倍（年）、その前 4 年間の平

均数値は 5.7、3.6、7.7 倍（年）であったのに対して、不動産業の数値につき 4 年間の平均数値は 19.8 倍（年）、その前 4 年間の平均数値は 21.3 倍（年）もの顕著な姿を示していた（不動産業の数値が 1991 年と 1994 年から 1998 年まで大幅に上昇している理由と、1992・1993 年にマイナスになっている理由は、（1）で述べたことと同様である）。

　その標準的な倍率を比較的安定している 2016-2019 年の平均数値とすれば、全産業・製造業・非製造業の数値が各 5.7、5.3、6.7 倍（同 17.5、18.9、14.9％）に対して、不動産業・建設業の数値は各 11.0 と 3.2 倍（同 9.1、31.3％）が得られる。

　なお、（2）のなお書きで述べたことは、（c − s）/a 倍率についても同様である。

（5）自己資本有形固定資産等倍率（固定比率）

　図Ⅶ−4・表Ⅶ−4は、自己資本有形固定資産等倍率（固定比率）推移図・表（b/d）である。これらによると、岩戸景気期の 1960 年には全産業・製造業・非製造業の数値が各 3.6、3.1、4.1 倍であったのに対して、不動産業・建設業の数値は各 6.0、10.3 倍の数値を示していた。

　地価高騰期の 1972 年には、全産業・製造業・非製造業の数値が各 6.2、5.4、6.9 倍、その前の 1970 年と 1971 年には各 5.1、4.5、5.7 倍と各 5.3、4.8、5.9 倍であったのに対して、不動産業・建設業の数値は各 18.4、10.5 倍、その前の 1970 年と 1971 年には各 12.4、10.2 倍と各 13.3、9.3 倍もの顕著な姿を示していた（地価高騰期前から不動産業は 12.4、13.3 倍と 12 倍を超えた上昇をしていた理由は、有形固定資産等の著増による）。

　そしてバブル期の 1986・1987・1988・1989 年には、全産業・製造業・非製造業の数値につき 4 年間の平均数値は各 3.0、1.9、4.2 倍、その前 4 年間の平均数値は各 2.4、1.6、3.3 倍であったのに対して、不動産業・建設業の数値につき 4 年間の平均数値は各 13.2、3.9 倍、その前 4 年間の平均数値は各 10.9、3.4 倍もの顕著な姿を示していた（1991 年から 1995 年まで約 15 倍から約 24 倍を記録している理由と、1997・1998 年にマイナスになっている理由は、赤字による自己資本の減少に基づいている）。

　その標準的な倍率を比較的安定している 2016-2019 年の平均数値とすれば、全

産業・製造業・非製造業の数値が各0.6、0.5、0.7倍（同166.7、200.0、142.9%）に対して、不動産業・建設業の数値は各1.5と0.7倍（同66.7、142.9%）が得られる。

（6）固定長期適合率

図Ⅶ-5・表Ⅶ-5は、固定長期適合率推移図・表（b/（c-s+d））である。これらによると、岩戸景気期の1960年には全産業・製造業・非製造業の数値が各1.5、1.4、1.6倍であったのに対して、不動産業・建設業の数値は各2.8、6.4倍の数値を示していた。

地価高騰期の1972年には、全産業・製造業・非製造業の数値が各1.4倍、その前の1970年と1971年には各1.4、1.3、1.5倍と各1.4、1.3、1.4倍であったのに対して、不動産業・建設業の数値は各1.8、3.3倍、その前の1970年と1971年には各2.3、4.1倍と各2.0、3.4倍と建設業のみ顕著な姿を示していた（建設業が1969年から高い数値を見せている理由は、資本不足時期における1970年の大阪万博と、1972年から1974年までの田中角栄首相による日本列島改造景気に基づいている）。

そしてバブル期の1986・1987・1988・1989年には、全産業・製造業・非製造業の数値につき4年間の平均数値は1.3、1.1、1.4倍、その前4年間の平均数値は1.1、0.9、1.1倍であったのに対して、不動産業・建設業の数値につき4年間の平均数値は各2.3、2.0倍、その前4年間の平均数値は各1.9倍もの顕著な姿を示していた（この時期には資本不足が解消しているから、不動産業・建設業とも経営の安定性を無視して過大投資をしていたといえる）。

その標準的な倍率を比較的安定している2016-2019年の平均数値とすれば、全産業・製造業・非製造業の数値が各0.4倍（同250.0%）に対して、不動産業・建設業の数値は各0.8と0.5倍（同125.0、200.0%）が得られる。

（7）不動産価額返済資源率PPRと関連諸比率の最近の傾向

不動産価額返済資源率PPRと関連諸比率の最近（2013～2017年）の傾向について、同数値の最近3～5年平均を見ると、全産業・製造業及び非製造業は、不動産価額返済資源率PPRが最近5年平均で各6.8、5.3、7.5倍、最近3年平均

で各6.6、5.4、7.1倍である。借入金等返済資源倍率（返済可能期間）（c/a）が最近5年平均で各8.1、5.3、9.4年、最近3年平均で各7.9、5.3、9.1年である。長期借入金等返済資源倍率（返済可能期間）（(c−s)/a）が最近5年平均で各5.6、3.4、6.6年、最近3年平均で各5.5、3.3、6.5年である。有形固定資産等自己資本倍率（固定比率）（b/d）が最近5年平均で各0.7、0.5、0.8倍、最近3年平均で各0.7、0.5、0.7倍である。固定長期適合率（b/(c−s＋d)）が最近5年平均で各0.4、0.4、0.5倍、最近3年平均で各0.4倍である（表Ⅶ−1〜3）。

　同じく不動産業と建設業は、不動産価額返済資源率PPRが最近5年平均で各16.3、6.7倍、最近3年平均で各15.6、6.0倍である。借入金等返済資源倍率（返済可能期間）（c/a）が最近5年平均で各14.5、5.8年、最近3年平均で各14.2、4.9年である。長期借入金等返済資源倍率（返済可能期間）（(c−s)/a）が最近5年平均で各10.6、3.9、最近3年平均で各10.7、3.4年である。有形固定資産等自己資本倍率（固定比率）（b/d）が最近5年平均で各1.5、0.8倍、最近3年平均も各1.5、0.8倍である。固定長期適合率（b/(c−s＋d)）が最近5年平均で各0.8、0.6倍、最近3年平均で各0.7、0.5倍である（表Ⅶ−4・5）。

別表Ⅶ－1　事業用不動産購入可能財源率 PPR 等推移表

全産業　　　　　　　　　（単位億円）

	2013	2014	2015	2016	2017	
減価償却費	349,978	364,020	381,352	367,620	372,614	
同　特別	4,903	12,372	16,192	12,727	9,117	
内部留保	231,878	244,268	196,210	296,663	381,525	
計 a（返済資源）	586,759	620,660	593,753	677,010	763,256	
土地	1,936,716	1,833,498	1,789,019	1,787,461	1,846,494	
同時価	1,623,543	1,553,772	1,550,044	1,588,747	1,700,509	
建設仮勘定	155,862	164,787	184,389	196,943	213,323	
他固定資産	2,458,957	2,549,454	2,603,088	2,572,122	2,642,317	
計 b（有形固定資産）	4,238,363	4,268,013	4,337,521	4,357,812	4,556,149	
b/a（PPR）　（倍）	7.2	6.9	7.3	6.4	6.0	同3年平均
同5年平均　　（倍）					**6.8**	**6.6**
短期借入金 s	1,680,329	1,613,947	1,614,324	1,564,710	1,688,914	
社債	575,531	561,319	556,066	654,242	737,110	
長期借入金	2,874,095	2,887,808	2,957,099	3,107,044	3,084,779	
計 c（借入金等）	5,129,955	5,063,074	5,127,488	5,325,995	5,510,804	
自己資本 d	5,664,862	5,985,360	6,338,249	6,646,057	7,258,410	

別表Ⅶ－2　事業用不動産購入可能財源率 PPR 等推移表

製造業　　　　　　　　　（単位億円）

	2013	2014	2015	2016	2017	
減価償却費	112,305	116,672	115,524	118,686	121,697	
同　特別	1,727	3,245	4,205	5,318	3,867	
内部留保	82,949	84,131	52,702	77,913	127,495	
計 a（返済資源）	196,981	204,047	172,431	201,917	253,059	
土地	350,874	355,040	356,730	349,046	353,017	
同時価	376,224	388,759	400,991	403,532	420,544	
建設仮勘定	45,664	48,078	52,929	52,253	58,442	
他固定資産	598,314	613,235	621,958	629,804	659,246	
計 b（有形固定資産）	1,020,201	1,050,072	1,075,878	1,085,589	1,138,233	
b/a（PPR）　（倍）	5.2	5.1	6.2	5.4	4.5	同3年平均
同5年平均　　（倍）					**5.3**	**5.4**
短期借入金 s	409,311	395,065	387,267	391,114	393,744	
社債	112,661	103,863	95,023	104,395	103,937	
長期借入金	552,844	601,199	601,337	559,840	581,062	
計 c（借入金等）	1,074,816	1,100,128	1,083,628	1,055,349	1,078,743	
純資産 d（自己資本）	1,880,234	1,939,255	2,028,702	2,118,236	2,263,552	

別表Ⅶ－3　事業用不動産購入可能財源率 PPR 等推移表

非製造業　　　　　　　　（単位億円）

	2013	2014	2015	2016	2017	
減価償却費	237,673	247348.14	265828.15	248934.56	250,917	
同　特別	3,176	9127.72	11986.8	7409.23	5,250	
内部留保	148,929	160136.98	143,508	218,750	254,030	
計 a（返済資源）	389,778	416,613	421,323	475,093	510,197	
土地	1,585,843	1,478,458	1,432,290	1,438,416	1,493,477	
同時価	1,247,319	1,165,013	1,149,054	1,185,214	1,279,964	
建設仮勘定	110,198	116,709	131,460	144,690	154,880	
他固定資産	1,860,644	1,936,218	1,981,130	1,942,318	1,983,072	
計 b（有形固定資産）	3,218,161	3,217,941	3,261,643	3,272,223	3,417,916	
b/a（PPR）　（倍）	8.3	7.7	7.7	6.9	6.7	同3年平均
同5年平均　（倍）					7.5	7.1
短期借入金 s	1,271,018	1,218,881	1,227,057	1,173,596	1,295,170	
社債	462,870	457,456	461,042	549,847	633,173	
長期借入金	2,321,251	2,286,609	2,355,761	2,547,204	2,503,717	
計 c（借入金等）	4,055,139	3,962,946	4,043,860	4,270,646	4,432,061	
純資産 d（自己資本）	3,784,628	4,046,104	4,309,546	4,527,820	4,994,858	

別表Ⅶ－4　事業用不動産購入可能財源率 PPR 等推移表

不動産業　　　　　　　　（単位億円）

	2013	2014	2015	2016	2017	
減価償却費	25,200	25,370	24,606	23,925	24,159	
同　特別	125	157	329	1,149	128	
内部留保	25,060	27,748	19,324	34,773	41,043	
計 a（返済資源）	50,384	53,275	44,260	59,846	65,330	
棚卸資産	108,892	113,447	115,496	140,321	150,222	
土地	592,621	470,200	464,292	418,337	496,878	
同時価	443,288	327,927	330,713	292,162	382,565	
建設仮勘定	9,835	13,715	18,710	22,044	18,781	
他固定資産	402,611	381,254	371,416	361,523	381,071	
計 b（有形固定資産等）	964,627	836,344	836,335	816,050	932,639	
b/a（PPR）　（倍）	19.1	15.7	18.9	13.6	14.3	同3年平均
同5年平均　（倍）					16.3	15.6
短期借入金 s	258,785	203,091	198,765	144,602	244,809	
社債	70,804	60,877	41,494	30,395	33,395	
長期借入金	513,960	435,073	502,849	573,733	591,524	
計 c（借入金等）	843,549	699,041	743,108	748,730	869,729	
純資産 d（自己資本）	573,024	565,444	503,393	607,255	679,724	

別表Ⅶ－5　事業用不動産購入可能財源率 PPR 等推移表

建設業　　　　　　　　　　　（単位億円）

	2013	2014	2015	2016	2017	
減価償却費	16240.35	15145.59	16103.16	15742.03	17201.81	
同　特別	834.55	3134.23	3006.95	2762.34	2179.35	
内部留保	15920.73	21778.12	23715.94	32813.51	34544.62	
計 a（返済資源）	32995.63	40057.94	42826.05	51317.88	53925.78	
棚卸資産	115665.37	115371.5	108228.16	109318.72	122638.72	
土地	116035.52	111026.5	106558.61	116684.8	114971.81	
同時価	80,020	76,661	74,143	86,460	87,459	
建設仮勘定	4228.47	3,138	3,215	4,957	7,158	
他固定資産	82,665	89,835	92,036	87,924	95,068	
計 b（有形固定資産等）	282,579	285,006	277,622	288,660	312,323	
b/a（PPR）　　　（倍）	8.6	7.1	6.5	5.6	5.8	同 3 年平均
同 5 年平均　　　（倍）					6.7	6.0
短期借入金 s	86,013	78,299	76,512	73,550	83,601	
社債	7,722	8,481	8,847	11,331	13,209	
長期借入金	169,575	163,321	146,421	158,036	156,199	
計 c（借入金等）	263,310	250,101	231,780	242,918	253,009	
純資産 d（自己資本）	290,547	331,749	354,009	385,472	419,223	

別図VII　宅地六大都市全用途平均変動率推移図

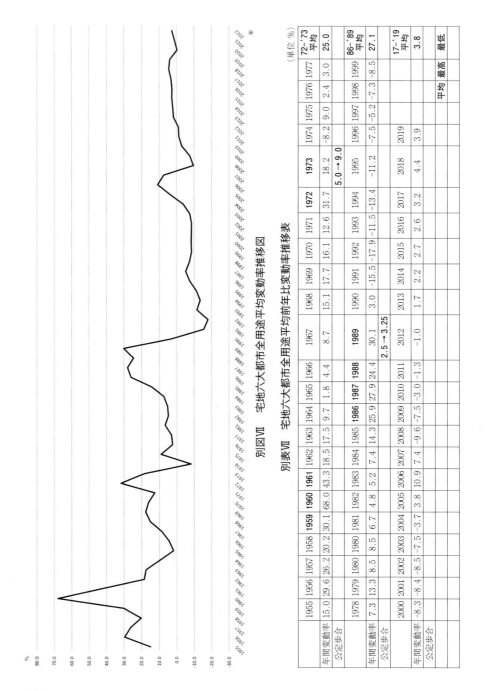

別表VII　宅地六大都市全用途平均前年比変動率推移表

（単位 %）

	1955	1956	1957	1958	1959	1960	1961	1962	1963	1964	1965	1966	1967	1968	1969	1970	1971	1972	1973	1974	1975	1976	1977	72〜'73平均
年間変動率	15.0	29.6	26.2	20.2	30.1	68.0	43.3	18.5	17.5	9.7	1.8	4.4	8.7	15.1	17.7	16.1	12.6	31.7	18.2	-8.2	9.0	2.4	3.0	25.0
公定歩合																			5.0 → 9.0					

	1978	1979	1980	1981	1982	1983	1984	1985	1986	1987	1988	1989	1990	1991	1992	1993	1994	1995	1996	1997	1998	1999	86〜'89平均
年間変動率	7.3	13.3	8.5	6.7	4.8	5.2	7.4	14.3	25.9	27.9	24.4	30.1	3.0	-15.5	-17.9	-11.5	-13.4	-11.2	-7.5	-5.2	-7.3	-8.5	27.1
公定歩合												2.5 → 3.25											

	2000	2001	2002	2003	2004	2005	2006	2007	2008	2009	2010	2011	2012	2013	2014	2015	2016	2017	2018	2019	平均	最高	最低	17〜'19平均
年間変動率	-8.3	-8.4	-8.5	-7.5	-3.7	3.8	10.9	7.4	-9.6	-7.5	-3.0	-1.3	-1.0	1.7	2.2	2.7	2.6	3.2	4.4	3.9				3.8
公定歩合																								

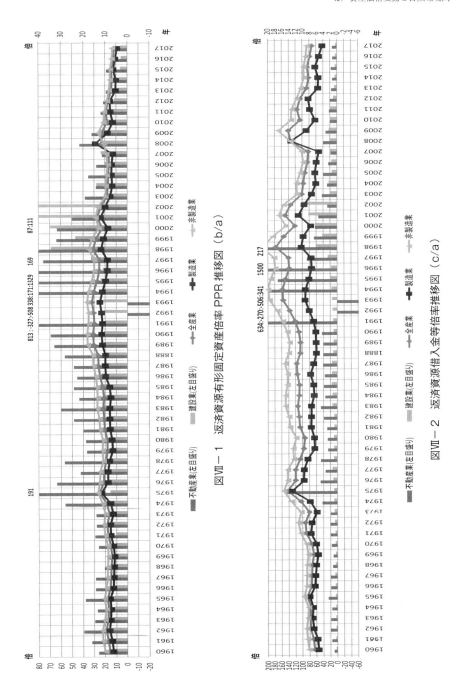

図Ⅶ－1　返済資源有形固定資産 PPR 推移図（b/a）

図Ⅶ－2　返済資源借入金等倍率推移図（c/a）

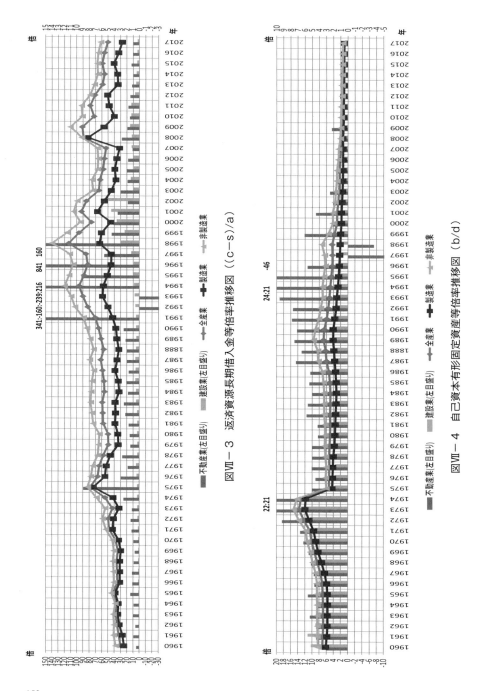

図Ⅶ－3 返済資源長期借入金等倍率推移図（(c−s)/a）

図Ⅶ－4 自己資本有形固定資産等倍率推移図（b/d）

152

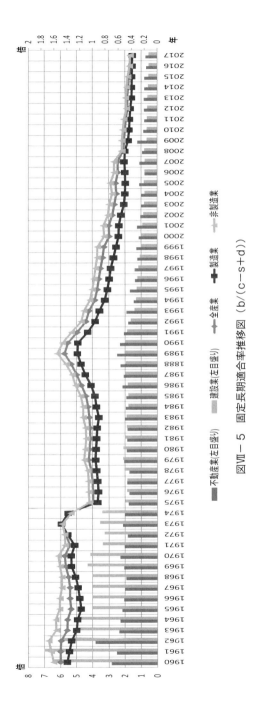

図Ⅶ－5　固定長期適合率推移図（b／（c－s＋d））

表Ⅶ－1　返済資源有形固定資産倍率PPR推移表（b/a）

（単位：倍）

	1960	1961	1962	1963	1964	1965	1966	1967	1968	1969	1970	1971	1972	1973	1974	1975
全産業	7.8	8.5	9.4	8.7	8.3	8.9	7.7	7.4	7.3	7.0	7.5	8.7	9.1	8.1	9.3	12.6
製造業	6.3	6.8	8.0	7.6	7.3	7.8	6.3	6.1	6.0	5.8	6.3	7.5	7.7	6.4	7.6	11.6
非製造業	9.9	11.0	11.2	10.1	9.5	10.3	9.4	9.0	8.9	8.6	8.9	10.0	10.6	9.9	11.3	13.3
不動産業 （左目盛り）	25.8	32.3	39.4	29.3	27.1	38.0	28.8	28.7	20.7	18.3	26.0	29.3	28.0	28.2	56.4	191.4
建設業 （左目盛り）	14.0	16.5	13.9	12.8	11.7	12.2	13.5	13.1	10.7	10.7	10.9	10.7	13.2	15.5	16.8	15.5

	1976	1977	1978	1979	1980	1981	1982	1983	1984	1985	1986	1987	1888	1989	86-'89 平均	利回り （%）
全産業	10.6	10.5	9.6	8.9	9.0	10.2	10.4	10.9	10.5	11.1	12.4	13.1	13.2	15.2	13.5	7.4
製造業	8.7	8.7	8.0	6.5	6.8	7.7	7.8	7.9	7.4	8.0	9.8	9.9	9.9	11.3	10.2	9.8
非製造業	12.4	12.2	10.8	11.2	10.9	12.3	12.6	13.6	13.4	13.7	14.3	15.3	15.6	18.0	15.8	6.3
不動産業 （左目盛り）	63.7	42.4	56.9	36.7	37.6	39.8	48.6	60.2	43.6	48.6	45.6	48.6	56.7	66.0	54.2	1.8
建設業 （左目盛り）	17.6	20.5	15.2	15.8	16.8	14.9	15.5	21.3	21.1	24.5	23.6	23.2	19.6	20.9	21.8	4.6

	1990	1991	1992	1993	1994	1995	1996	1997	1998	1999	2000	2001	2002	2003	2004	2005
全産業	15.5	15.0	15.2	16.0	15.2	13.7	12.7	12.6	15.4	14.2	11.3	13.6	12.0	9.1	8.7	8.5
製造業	11.6	11.2	11.6	12.4	11.3	9.8	9.0	8.9	11.8	10.7	8.6	12.0	9.9	7.7	6.7	7.1
非製造業	18.2	17.6	17.5	18.3	17.6	16.1	15.0	15.0	17.4	16.1	12.8	14.3	13.1	9.8	9.7	9.2
不動産業 （左目盛り）	69.3	812.8	-326.8	-508.3	337.7	170.9	1329.4	75.8	169.0	63.8	63.4	50.4	25.6	38.3	28.4	35.4
建設業 （左目盛り）	21.0	19.9	20.5	21.5	21.5	24.2	22.1	33.0	69.1	47.1	70.1	86.9	111.3	21.0	28.1	17.5

	2006	2007	2008	2009	2010	2011	2012	2013	2014	2015	2016	2017	平均	最高	最低
全産業	8.2	8.2	11.4	11.6	9.1	9.5	8.7	7.2	6.9	7.3	6.4	6.0	10.4	16.0	6.0
製造業	7.0	6.4	14.4	8.8	6.4	7.7	7.8	5.2	5.1	6.2	5.4	4.5	8.3	14.4	4.5
非製造業	8.8	9.3	10.6	13.1	10.7	10.3	9.1	8.3	7.7	7.7	6.9	6.7	12.0	18.3	6.7
不動産業 （左目盛り）	27.8	22.7	43.2	32.1	22.0	24.0	21.5	19.1	15.7	18.9	13.6	14.3	69.9	1329.4	-508.3
建設業 （左目盛り）	20.7	23.9	24.0	24.4	20.7	20.3	11.9	8.6	7.1	6.5	5.6	5.8	22.3	111.3	5.6

（注）右端の平均・最高・最低の数値は、1960 ～ 2017 のものである。

表Ⅶ－2　返済資源借入金等倍率推移表（c/a）

（単位：倍）

	1960	1961	1962	1963	1964	1965	1966	1967	1968	1969	1970	1971	1972	1973	1974	1975
全産業	6.5	6.9	7.7	7.8	7.6	8.7	7.5	7.4	7.3	6.8	7.3	9.0	9.2	8.0	10.5	14.3
製造業	5.3	5.7	6.8	7.1	7.0	8.0	6.4	6.3	6.0	5.5	6.0	7.6	7.3	5.9	7.8	13.0
非製造業	8.2	8.6	8.8	8.5	8.3	9.5	8.8	8.8	8.8	8.4	8.9	10.5	11.3	10.4	13.3	15.4
不動産業（左目盛り）	9.2	15.7	20.9	18.2	16.0	26.2	18.3	18.9	14.0	12.0	16.8	20.8	21.7	20.1	42.9	148.9
建設業（左目盛り）	4.0	4.1	4.0	4.5	4.6	6.0	6.7	6.9	5.5	5.2	5.4	6.3	8.2	8.6	10.2	10.2

	1976	1977	1978	1979	1980	1981	1982	1983	1984	1985	1986	1987	1888	1989	86-'89平均
全産業	12.0	12.0	10.7	9.6	9.3	10.7	10.9	11.4	10.9	10.9	11.5	11.7	10.7	10.6	11.1
製造業	9.6	9.5	8.5	6.5	6.6	7.5	7.4	7.4	6.6	6.8	7.7	6.8	6.0	6.1	6.6
非製造業	14.3	14.3	12.5	12.7	11.8	13.6	13.9	14.9	14.9	14.4	14.3	15.1	14.0	13.7	14.3
不動産業（左目盛り）	49.2	34.0	47.3	27.2	27.7	29.2	38.4	47.2	34.8	38.4	36.0	41.1	40.7	39.7	39.4
建設業（左目盛り）	12.3	14.5	9.8	9.8	10.1	8.9	9.7	13.1	14.4	16.5	15.7	15.5	11.7	11.0	13.5

	1990	1991	1992	1993	1994	1995	1996	1997	1998	1999	2000	2001	2002	2003	2004	2005
全産業	11.0	12.1	13.7	15.6	15.8	14.9	13.8	14.0	17.7	15.4	12.1	14.9	13.4	10.1	9.7	9.2
製造業	6.1	6.8	8.0	9.2	9.1	8.1	7.4	7.5	10.3	9.7	7.6	11.1	9.5	7.3	6.1	6.4
非製造業	14.4	15.8	17.3	19.5	19.9	19.2	17.9	18.2	21.7	18.6	14.8	16.7	15.4	11.5	11.6	10.6
不動産業（左目盛り）	43.5	634.2	-269.7	-505.8	341.0	171.3	1499.9	87.3	216.6	66.3	63.2	54.2	27.5	43.0	28.7	39.0
建設業（左目盛り）	10.7	11.4	13.3	15.1	16.1	18.5	17.6	27.1	59.5	42.5	63.4	81.9	101.9	18.7	23.9	14.8

	2006	2007	2008	2009	2010	2011	2012	2013	2014	2015	2016	2017	平均	最高	最低
全産業	8.5	8.3	13.4	14.1	10.7	11.5	10.6	8.7	8.2	8.6	7.9	7.2	10.6	17.7	6.5
製造業	5.9	5.2	13.3	8.8	6.3	7.8	8.2	5.5	5.4	6.3	5.2	4.3	7.4	13.3	4.3
非製造業	9.7	10.1	13.4	17.0	13.3	13.2	11.7	10.4	9.5	9.6	9.0	8.7	12.9	21.7	8.2
不動産業（左目盛り）	24.7	17.9	40.0	32.3	20.3	23.0	20.5	16.7	13.1	16.8	12.5	13.3	64.9	1499.9	-505.8
建設業（左目盛り）	16.4	19.4	19.7	23.5	20.7	20.0	10.7	6.2	5.4	4.7	4.7	16.7	101.9	4.0

（注）右端の平均・最高・最低の数値は、1960 ～ 2017 のものである。

表Ⅶ－3　返済資源長期借入金等倍率推移表（(c−s)/a）

（単位：倍）

	1960	1961	1962	1963	1964	1965	1966	1967	1968	1969	1970	1971	1972	1973	1974	1975
全産業	3.0	3.3	3.6	3.7	3.6	4.1	3.5	3.5	3.6	3.4	3.7	4.8	5.0	4.3	5.5	7.8
製造業	2.5	2.7	3.2	3.4	3.3	3.9	3.1	3.1	3.1	2.9	3.3	4.3	4.1	3.3	4.2	7.3
非製造業	3.8	4.1	4.0	4.1	3.8	4.4	4.0	4.1	4.2	4.0	4.3	5.3	5.9	5.4	6.8	8.3
不動産業 （左目盛り）	4.8	9.2	5.8	9.6	8.6	14.1	10.8	11.3	8.7	7.2	9.2	12.2	13.8	11.9	25.3	89.4
建設業 （左目盛り）	0.8	0.9	0.8	1.0	1.0	1.4	1.5	1.7	1.5	1.4	1.6	2.0	2.8	3.2	3.6	3.5

	1976	1977	1978	1979	1980	1981	1982	1983	1984	1985	1986	1987	1888	1989	86-'89 平均
全産業	6.6	6.4	5.7	4.9	5.0	5.7	5.8	5.9	5.5	5.6	5.9	6.1	5.7	6.1	5.9
製造業	5.5	5.3	4.6	3.4	3.4	3.9	3.8	3.9	3.2	3.3	3.9	3.5	3.3	3.6	3.6
非製造業	7.7	7.5	6.6	6.5	6.4	7.4	7.6	7.8	7.7	7.6	7.3	7.9	7.3	7.8	7.6
不動産業 （左目盛り）	29.8	18.4	27.2	14.2	15.2	16.6	22.1	24.5	17.9	20.7	16.8	19.9	20.4	22.0	19.8
建設業 （左目盛り）	4.4	5.1	3.4	3.3	3.6	3.2	3.5	5.0	5.2	5.9	5.9	6.1	5.2	4.9	5.5

	1990	1991	1992	1993	1994	1995	1996	1997	1998	1999	2000	2001	2002	2003	2004	2005
全産業	6.5	7.0	8.2	9.0	9.6	8.9	8.2	8.5	11.3	9.6	7.6	9.3	8.5	6.4	6.3	5.8
製造業	3.7	4.3	5.0	5.9	5.7	5.1	4.5	4.5	6.3	6.0	4.6	6.7	5.6	4.5	3.7	3.9
非製造業	8.4	8.9	10.3	10.9	12.0	11.2	10.6	11.1	14.0	11.6	9.4	10.5	9.9	7.4	7.6	6.6
不動産業 （左目盛り）	24.9	340.9	-160.1	-239.4	215.9	92.3	840.6	55.9	160.1	44.3	41.3	34.6	18.5	30.5	18.8	20.1
建設業 （左目盛り）	5.3	5.3	6.5	7.5	8.2	9.2	8.9	13.1	30.0	23.4	36.0	45.1	56.8	10.1	13.6	8.9

	2006	2007	2008	2009	2010	2011	2012	2013	2014	2015	2016	2017	平均	最高	最低
全産業	5.6	5.3	8.9	9.1	7.2	7.8	7.1	5.9	5.6	5.9	5.6	5.0	6.2	11.3	3.0
製造業	3.6	3.1	8.2	5.6	4.0	4.8	5.1	3.4	3.5	4.0	3.3	2.7	4.2	8.2	2.5
非製造業	6.6	6.7	9.2	11.0	9.1	9.2	7.9	7.1	6.6	6.7	6.5	6.1	7.5	14.0	3.8
不動産業 （左目盛り）	18.0	10.9	28.2	19.1	15.3	17.7	14.6	11.6	9.3	12.3	10.1	9.6	38.9	840.6	-239.4
建設業 （左目盛り）	10.0	12.3	12.0	14.9	13.0	13.1	7.0	5.4	4.3	3.6	3.3	3.1	8.3	56.8	0.8

（注）右端の平均・最高・最低の数値は、1960～2017のものである。

表Ⅶ－4　自己資本有形固定資産等倍率推移表（b/d）

（単位：倍）

	1960	1961	1962	1963	1964	1965	1966	1967	1968	1969	1970	1971	1972	1973	1974	1975
全産業	**3.6**	3.5	3.4	3.4	3.4	3.5	3.5	3.8	4.3	4.7	**5.1**	**5.3**	**6.2**	6.8	6.6	2.6
製造業	**3.1**	2.9	2.8	2.8	2.8	2.8	2.9	3.2	3.7	4.1	**4.5**	**4.8**	**5.4**	6.0	5.9	2.2
非製造業	**4.1**	4.2	4.2	4.3	4.3	4.3	4.3	4.5	4.9	5.2	**5.7**	**5.9**	**6.9**	7.6	7.1	3.0
不動産業 （左目盛り）	**6.0**	8.8	8.8	10.6	8.4	11.2	9.3	9.5	10.3	10.9	**12.4**	**13.3**	**18.4**	21.7	21.1	10.1
建設業 （左目盛り）	**10.3**	11.2	9.0	8.5	8.4	7.6	7.5	8.3	9.3	9.6	**10.2**	**9.3**	**10.5**	12.9	12.8	3.6

	1976	1977	1978	1979	1980	1981	1982	1983	1984	1985	1986	1987	1888	1989	86-'89 平均
全産業	2.6	2.6	2.6	2.5	2.5	2.5	2.5	2.4	2.4	2.5	**2.6**	**3.0**	**3.1**	**3.4**	3.0
製造業	2.1	2.1	2.0	1.9	1.8	1.8	1.7	1.6	1.6	1.6	**1.7**	**1.8**	**1.9**	**2.0**	1.9
非製造業	3.1	3.0	3.1	3.2	3.2	3.2	3.3	3.3	3.4	3.4	**3.6**	**4.1**	**4.2**	**4.8**	4.2
不動産業 （左目盛り）	9.0	10.1	10.0	10.1	8.3	8.4	11.6	11.2	9.9	10.8	**10.5**	**14.5**	**12.9**	**15.0**	13.2
建設業 （左目盛り）	3.6	3.5	3.8	3.8	3.9	3.6	3.4	3.5	3.2	3.4	**3.4**	**4.3**	**4.1**	**3.9**	3.9

	1990	1991	1992	1993	1994	1995	1996	1997	1998	1999	2000	2001	2002	2003	2004	2005
全産業	3.3	2.9	2.7	2.6	2.5	2.3	2.2	2.1	2.2	1.9	1.5	1.5	1.3	1.2	1.2	1.1
製造業	2.0	1.8	1.6	1.5	1.4	1.3	1.1	1.1	1.1	1.0	0.9	0.9	0.8	0.7	0.7	0.7
非製造業	4.5	4.1	3.8	3.5	3.5	3.4	3.1	3.3	3.6	2.7	2.1	2.1	1.8	1.7	1.5	1.5
不動産業 （左目盛り）	14.2	15.6	15.4	19.2	24.0	21.9	11.3	-39.5	-7.3	12.1	4.4	9.0	4.1	5.0	2.8	3.0
建設業 （左目盛り）	4.1	3.8	3.4	2.8	2.7	2.5	2.4	2.2	2.0	1.8	1.9	1.8	1.5	1.3	1.2	1.4

	2006	2007	2008	2009	2010	2011	2012	2013	2014	2015	2016	2017	平均	最高	最低
全産業	1.0	1.0	0.9	0.9	0.8	0.8	0.7	0.7	0.7	0.7	0.7	0.6	2.6	6.8	0.6
製造業	0.7	0.7	0.7	0.6	0.6	0.6	0.6	0.5	0.5	0.5	0.5	0.5	1.9	6.0	0.5
非製造業	1.3	1.3	1.0	1.0	1.0	1.0	0.8	0.9	0.8	0.8	0.7	0.7	3.2	7.6	0.7
不動産業 （左目盛り）	1.6	2.3	2.3	4.5	2.1	1.9	1.8	1.7	1.5	1.7	1.3	1.4	8.3	24.0	-39.5
建設業 （左目盛り）	1.3	1.3	1.3	1.1	1.1	1.1	1.0	1.0	0.9	0.7	0.7	0.7	4.3	12.9	0.7

（注）右端の平均・最高・最低の数値は、1960～2017のものである。

表Ⅶ－5　固定長期適合率推移表（b/（c－s＋d））

（単位：倍）

	1960	1961	1962	1963	1964	1965	1966	1967	1968	1969	1970	1971	1972	1973	1974	1975
全産業	1.5	1.5	1.5	1.4	1.4	1.3	1.4	1.3	1.4	1.4	1.4	1.4	1.4	1.5	1.4	1.0
製造業	1.4	1.4	1.3	1.2	1.2	1.2	1.2	1.2	1.3	1.3	1.3	1.3	1.4	1.5	1.4	0.9
非製造業	1.6	1.6	1.7	1.6	1.6	1.5	1.5	1.5	1.5	1.5	1.5	1.4	1.4	1.5	1.3	1.0
不動産業 （左目盛り）	2.8	2.5	3.8	2.4	2.3	2.2	2.1	2.0	1.9	2.1	2.3	2.0	1.8	2.1	2.0	1.8
建設業 （左目盛り）	6.4	7.0	5.9	5.1	4.9	4.0	4.0	4.0	4.0	4.3	4.1	3.4	3.3	3.6	3.4	2.0

	1976	1977	1978	1979	1980	1981	1982	1983	1984	1985	1986	1987	1888	1989	86-'89 平均
全産業	1.0	1.0	1.0	1.1	1.0	1.0	1.0	1.0	1.1	1.1	1.2	1.2	1.3	1.4	1.3
製造業	0.9	0.9	0.9	1.0	0.9	0.9	0.9	0.9	0.9	1.0	1.0	1.1	1.2	1.2	1.1
非製造業	1.1	1.1	1.1	1.1	1.1	1.1	1.1	1.1	1.1	1.2	1.3	1.3	1.4	1.6	1.4
不動産業 （左目盛り）	1.7	1.9	1.7	2.1	1.9	1.9	1.9	2.0	2.0	1.9	2.2	2.1	2.3	2.5	2.3
建設業 （左目盛り）	1.9	1.9	2.0	2.1	2.1	2.0	1.9	1.9	1.8	1.8	1.8	2.0	2.0	2.0	2.0

	1990	1991	1992	1993	1994	1995	1996	1997	1998	1999	2000	2001	2002	2003	2004	2005
全産業	1.4	1.2	1.1	1.1	1.0	0.9	1.0	0.9	0.8	0.8	0.7	0.7	0.7	0.7	0.6	0.6
製造業	1.2	1.1	1.0	0.9	0.8	0.8	0.7	0.7	0.7	0.6	0.6	0.6	0.6	0.5	0.5	0.5
非製造業	1.5	1.3	1.2	1.1	1.0	1.0	1.0	1.0	0.9	0.9	0.8	0.8	0.8	0.7	0.7	0.7
不動産業 （左目盛り）	2.3	2.1	1.8	1.9	1.5	1.7	1.4	1.4	1.2	1.3	1.1	1.3	1.0	1.0	1.0	1.1
建設業 （左目盛り）	2.0	1.9	1.6	1.4	1.3	1.3	1.2	1.2	1.1	1.0	1.0	0.9	0.9	0.8	0.8	0.8

	2006	2007	2008	2009	2010	2011	2012	2013	2014	2015	2016	2017	平均	最高	最低
全産業	0.6	0.6	0.5	0.5	0.5	0.5	0.5	0.5	0.5	0.4	0.4	0.4	1.0	1.5	0.4
製造業	0.5	0.5	0.5	0.4	0.4	0.4	0.4	0.4	0.4	0.4	0.4	0.4	0.9	1.5	0.4
非製造業	0.7	0.7	0.5	0.5	0.5	0.5	0.5	0.5	0.5	0.5	0.4	0.4	1.1	1.7	0.4
不動産業 （左目盛り）	0.8	1.1	0.9	1.2	0.9	0.8	0.8	0.8	0.8	0.8	0.7	0.7	1.7	3.8	0.7
建設業 （左目盛り）	0.8	0.8	0.8	0.6	0.6	0.6	0.6	0.6	0.6	0.5	0.5	0.5	2.1	7.0	0.5

（注）右端の平均・最高・最低の数値は、1960〜2017のものである。

7. 不動産価額返済資源率 PPR と関連諸比率のまとめ

6. では別表Ⅶで 3 回の地価上昇期を捉えた上、図（Ⅶ－1～5）・表（Ⅶ－1～5）により各地価上昇期における不動産価額返済資源率 PPR（事業用不動産期待購入可能財源率Ⅶ－1（b/a））の数値のほか、借入金等返済可能期間・固定比率・固定長期適合率につき、簿価ではなく時価の近似値を捉えることを試みることにより、岩戸景気期、地価高騰期及びバブル期に全産業・製造業及び非製造業と比べて不動産業又は建設業の異常的な数値を捉えることができた。

すなわち、図Ⅶ－1・表Ⅶ－1 の PPR については、岩戸景気期、地価高騰期及びバブル期に、全産業と製造業は現状より少し高い数値を示していたが、非製造業は現状と比べてその倍率を増加させていた。特にその内訳としての不動産業と建設業、とりわけ不動産業の数値が事前（ただし数値が得られない岩戸景気期前を除く）にその倍率を著増させていたのが注目される。

図Ⅶ－1～5 の山の高さと合わせて、6.（2）のなお書きで説明した事後処理の遅れが、失われた 20 年を超えて不況を長期化させていたことも重要である。

図Ⅶ－2・表Ⅶ－2 の借入金等返済可能期間については、岩戸景気期、地価高騰期及びバブル期に、とりわけバブル期に、製造業を除き、現状と比べて、全産業と非製造業が 10 年超とかなり長期化していた。特にそれらの内訳としての不動産業の数値がその年数を 40 年前後と著しく長期化させていたのが注目される。

図Ⅶ－3・表Ⅶ－3 の短期借入金控除後の返済可能期間については、地価高騰期及びバブル期に、現状と比べて、全産業・製造業及び非製造業とも僅かな長期化にとどまることができていた。しかし、バブル期に不動産業は 20 年前後と著しく長期化していた。

図Ⅶ－4・表Ⅶ－4 の固定比率については、岩戸景気期には、全産業・製造業及び非製造業の数値はともに高い目の 3～4 倍台であった。それらに対して不動産業の数値は 6 倍、建設業の数値は 10 倍強と建設業のみ顕著な姿を示していた。

地価高騰期には、全産業・製造業及び非製造業ともかなり高い 5～6 倍台を示していていた。それ故、非製造業の内訳としての不動産業は 18 倍台に、建設業も 10 倍台に著増させていたのが注目される。

しかしバブル期には、株式の時価発行増資による資金調達の増加により、約 4 倍を示した非製造業を除いて全産業は 3 倍程度、製造業は 2 倍弱に落ち着いてき

ていたが、不動産業の数値は 10 倍台、建設業の数値は 4 倍前後と不動産業のみ
顕著な姿を示していた。

　これらを図Ⅶ−5・表Ⅶ−5の固定長期適合率について見ると、岩戸景気期には、
全産業・製造業及び非製造業の数値はともに高い目の 1.4 〜 1.6 倍台であった。
それらに対して不動産業の数値は 3 倍弱、建設業の数値は 6 倍強と建設業のみ顕
著な姿を示していた。

　地価高騰期には、全産業・製造業及び非製造業とも 1.4 倍を示していた。し
かし不動産業は 1.8 倍、建設業は 3.3 倍と後者が経営上不安定な姿を見せていた。

　バブル期には、全産業・製造業ともに 1.0 〜 1.6 と正常化に近づいていた。し
かし、不動産業と建設業は、いずれも 2 倍前後の数値を示して、資金繰りに窮す
る不健全な状態にあったことが分かる。

　これらの諸比率の最近（2013 〜 2017 年）の傾向（表Ⅶ−1 〜 5）は、各数値
に見られるようにいずれも落ち着いているから、これらを標準的な倍率として捉
える。それらによると、不動産価額返済資源率 PPR については不動産業と建設
業の数値が各 2 倍、借入金等返済資源倍率（返済可能期間、表Ⅶ−2）（c/a）と
長期借入金等返済資源倍率（返済可能期間、表Ⅶ−3）（(c−s)/a）については
不動産業の数値が、各 1.2 倍を超えてくるときは、バブルの警戒が必要になる。

　ただし、設備投資についての銀行融資期間の常識は機械等の耐用年数を目安と
した 10 年であるが、不動産投資では六本木や駅前再開発等のように長期にわた
る場合があることも考慮する必要がある。

　有形固定資産等自己資本倍率（固定比率、表Ⅶ−4）(b/d) については不動産
業の数値が、固定長期適合率、表Ⅶ−5（b/(c−s+d)）については不動産業と
建設業の数値が各 2 倍を超えてくるときは、バブルの警戒をしなければならなく
なるし、両者の数値が各 1 倍を超えてくるときは、債務依存度が大きくなること
も経営上不安定になるから避けるべきである。

8. 事業用不動産価額の財源粗付加価値に対する購入可能倍率

　企業が事業用不動産を取得した場合でも、家計が居住用不動産を取得した場合
の 9. の②式のような関係を表す①式が得られる筈である。しかも不動産（土地・
建物）価額のうち地価には株価と同様に擬制資本としての共通性があるから、次

のように株価算式と同様の算式を導き出すことができる。

cp ＝ FGA × mc 　　　符号を置き換えると、次の算式が得られる。

$$\frac{cp}{FGA} = mc \qquad ①$$

$$Pc = A \times Rc$$

この算式は、次の株価算式 PER に真似て PAR ＝ Price Added value Ratio、（又は PPR ＝ Price Purchasable source of revenue Ratio）事業用不動産価額粗付加価値率（又は事業用不動産価額購入可能財源率）という。

これは有名な株価収益率の算式 PER（Price Earnings Ratio）: Ps ＝ E × Rs（Rs ＝ Ps/E）と相似のものである。

たとえば、株式の場合 E が 100 円で Rs が 20 倍（逆数の益回り 5%）とすれば、Ps は 2,000 円まで買えることになる。

cP・Pc：事業用不動産価額

　　　　（commercial property Price）・（Price of commercial property）

FGA・A：財源期待粗付加価値（Funds expected Gross Added value）・

　　　　（expected Added value）

mc・Rc：事業用不動産購入可能期待倍率 ＝ 1/yc（事業用不動産利回り）＝

　　　　Pc/A（expected purchasable multiplier for commercial property）・

　　　　（commercial property purchasable expected Ratio）

Ps：株式価格（stock Price）

E：1 株当り税引後利益（Earnings after-tax per share）

Rs：株価倍率（stock price Ratio）

Rc は 1/yc の逆数であり、Rs は 1/ys（株式利回り－益回り）の逆数であるから、それぞれ Pc ＝ A/yc、Ps ＝ E/ys という永久還元の収益価格を求める算式になり、それぞれの本質としての擬制資本価格が得られているのである。

①式において、分子の cp は、取得不動産（B/S 借方）の事業用不動産価額である。ここではその cp は、簿価ではなく時価で捉えることが重要である。その場合 mp（market price）≒ cp ≒ fp（正常価格：fair market price）ではなく、mp ≒ cp ＞ fp のときに問題（バブル）が生ずる。

分母の FGA は、粗付加価値[9]－人件費－賃借料（賃借の代わりに購入するの

であればその該当分は財源に加算）−租税公課−利息等−法人税等−役員賞与−配当金（これらの控除科目はすべて借方項目のもの）の算式により得られるものである。粗付加価値は、減価償却費＋人件費＋分配前利益 で求められる。分配前利益は、賃借料＋租税公課＋利息等＋経常利益 で算出される額である[9]。経常利益は、法人税等＋役員賞与＋配当金＋留保利益 に分かれる。それ故、これらを整理すると FGA・A は返済資源と同様の、減価償却費＋留保利益 となる。これらの数値は将来の期待数値であるから、すべて前期以前の数値に基づき、現在の経営条件において予測可能な数値により求めることになる。

9. 居住用不動産価額の年収に対する購入可能倍率
【住宅価額の年収に対する購入可能倍率】

　平均的な年収を稼得する家計主体は、住宅価額（土地価額を含む）について、一般的にはその年間総返済額の返済財源である ai の約 5.5 〜 6 倍までのものしか買えないものとされていることが重要である。

　これを算式で書くと次の②式のようになる（通常 mr ≒ 5.5 〜 6）。

　rp 　＝ ai × mr 　　符号を置き換えると、次の算式が得られる。

$$\frac{rp}{ai} = mr \qquad ②$$

$$Pr = I × Rr$$

　この算式は、前述の株価算式 PER に真似て

PIR ＝ Price Income Ratio ＝居住用不動産価額年収率という。

rp・Pr：居住用不動産価額（residential property price）・（Price of residential property）

ai・I：期待年収（expected annual Income）・（expected Income）

mr・Rr：居住用不動産購入可能期待倍率＝ 1/yr（居住用不動産利回り）＝

　　　　　Pr/I（expected purchasable multiplier for residential property）・

　　　　　（residential property purchasable expected Ratio）

　このように 8. の①式で述べた株式価格との相似については、居住用不動産価額に対しても同様の算式を作ることができるのである。

　②式において、分子の rp は、取得住居（B/S 借方）の居住用不動産価額である。

ここでもその rp は、簿価ではなく時価で捉えることが重要である。その場合にも mp ≒ rp ≒ fp ではなく、mp ≒ rp ＞ fp のときに問題（バブル）が生ずる。

分母の ai は、財源としての粗付加価値内訳（P/L 借方）の人件費と役員賞与である。

②式の mr が約 5.5 ～ 6 倍を超える rp は「真の正常価格」（＝「公正価値」）ではなくなることに留意しなければならない。

たとえば、ai が約 500 万円余、rp が 3 千万円、担保掛目が 80％、収入倍率（ai/年間総返済額）が 4 倍以下（年収負担率＝ ai の 25％）、借入期間が 340 か月（28年余）、固定金利が 3％の条件の下では、2 千 4 百万円の借入で毎月の金利込み返済額が 104,233 円になるから、次の計算により mr は約 6 倍になる。

$$104,233 \text{ 円} \quad \times \quad 12 \quad = 1,250,796 \text{ 円}$$
$$1,250,796 \text{ 円} \quad \times \quad 4 \quad = 5,003,184 \text{ 円}$$
$$5,003,184 \text{ 円}（1-0.75） = 1,250,796 \text{ 円}$$

（0.75 は消費性向である）

（居住用不動産価額）
$$\frac{30,000,000 \text{ 円}}{5,003,184 \text{ 円}} ≒ 6$$
（年　　収）

したがって、（1 - 0.75）は家計の返済財源であるから、住宅ローンはこの点に着目しているものといえるのである。

念のため、米国における 2017 年のこの倍率を求めると、次の通り約 5.5 倍（中古住宅なので少し低い目になっている）が算出されて、この状態の下ではリーマンショックのような金融危機を招くおそれはないということができる[11]。米国では売買における中古住宅比率が高いので、ここでの居住用不動産価額は中古住宅価格の中央値を採用している。

（居住用不動産価額）
$$\frac{258.3 \text{ 千ドル}}{46.6 \text{ 千ドル}} ≒ 5.5$$
（可処分所得）

【重要な結論】

これらの例から得られる重要な結論は、①平均的な年収を稼得する家計主体は、mr が約 6 倍を超える住宅投資をしてはならないこと、②銀行等の住宅ローン機

関は、平均的な年収を稼得する家計主体には、年収負担率が年収の約25％を超える住宅融資をしてはならないことである。

10. 1〜9のまとめ

　以上の説明でご覧のように、ここでは、まず資産価格の重要な特徴としての擬制資本について説明し、次に基礎となる事業用・居住用不動産購入財源としての粗付加価値の説明を加えた後、第3に株価を求める諸方式の説明を行った。第4に不動産価額についても株価を求める株価収益率PERの算式と類似の事業用不動産価額返済資源率PPRと居住用不動産価額可処分所得率PDRを導き出した。

　そのうえで、第5に全産業・製造業・非製造業及び不動産業・建設業における事業用不動産価額返済資源率PPRの数値のほか、その関連指標としての借入金等返済可能期間・固定比率・固定長期適合率の時系列の各数値を捉えて、岩戸景気期、地価高騰期及びバブル期、特にバブル期の不動産業の行き過ぎを明らかにすると同時に、その事前（ただし数値が得られない岩戸景気期前を除く）でのPPRの1年を超える4年超もの上昇がその後の長期にわたる不況を招いたのを示すことができている（先行研究は筆者のものだけである）。

　これらの諸指標は、いずれも不動産鑑定評価に直接使えないかもしれないが、バブルに取り込まれることを防御することができるという重要な役割を果たすものである。

　これらは、日本についての究明であるが、Ⅰ.の図Ⅰ-1で見られるように株式が上場されているその他の主要国でも同様の捉え方をすることができる筈である。

　世界中で自然環境問題が厳しくなってきている折から、バブルで資源の浪費をしている余裕が無くなってきているのである。

　バブルについては、かなり多くの図書・論文が出版されている[12]が、上記のように、この記述のような不動産価格の本質を踏まえた図と倍率について論じたものは、残念ながらこれまで無かった。それ故、ここで得られた知見（分かりやすいしかも効果の大きいバブルの防御方法である図Ⅰ-3〜5と事業用のPPR・居住用のPDRという倍率）を政策当局者・金融機関経営者・一般企業経営者、及び家計保持者が、せいぜい利用して、再度のバブルを回避して欲しいのである。

（2023.11.16）

（ここまでは 2018 年 6 月 2 日 の日本環境共生学会総会後に特別講演したものを加筆・修正した―同学会誌『環境共生』Vol.34（2019 年 3 月）記載―ものである。景気の転換については 4【リスクの存在】で先読みしていた）

注

1）筆者は、2006 年出版の図書で記した、自然環境問題の基本哲学としての「生態系主主義」（エコクラシィ）により行動する（人間の眼と同時に動植物の眼との複眼で見る）必要性を称え続けている。「生態系主主義」とは、「民主主義」（＝Democracy）を超えた持続的共生のための新しい理念―「生態系主主義）」（エコクラシィ）（＝Ecosystem cracy →“Eco-cracy”と略称する。生態系の中にその一部としての「人間」も入るからである）の理念―のことである（建部好治著『新しい企業経営と財務』清文社 2006.10 pp.2-6）。

　「生態系主主義」（エコクラシィ）により行動するとは、「人間の眼と同時に動物の眼との複眼で見る」ということである。詳しく述べると、両者には「人間だけが他の生物とは違って、自分の体を環境に直接曝していない」のに対して、「一般の生物は、環境との関係が直接であるために、常に自分を取り巻く環境の変化にうまく適合するようにと、自分の体や性質を少しずつ変化変形させて生きている」という相違点がある（鈴木孝夫著『日本の感性が世界を変える』新潮選書 2014.9 p.221）。それ故、人間の視点だけではなく、そのような相違点をも頭に入れた視点が重要ということである。

　ついては、これまで人類特に欧米人によってこのような「複眼」の視点とは逆の行動により、生態系生存の大前提である自然環境が破壊され汚染されて、多くの種が滅ぼされてきた大きい原因は、旧約聖書にある創世記の次の言葉にある。

　神は第六日に、「…神は自分のかたちに人を創造された。すなわち、神のかたちに創造し、男と女とに創造された。神は彼らを祝福して言われた、「生めよ、ふえよ、地に満ちよ、地を従わせよ。また海の魚と、空の鳥と、地に動くすべての生き物とを治めよ」」。

2）建部好治著『不動産価格バブルは回避できる』（日本土地環境学会学術賞受賞図書）大阪公立大学共同出版会 2013.12 pp.265-276、p.8、p.27、pp.155-162、pp.316-324、pp.342-346。

　リーマンショック時に当時の FRB 議長のグリーンスパンがいった「バブルは消えるまで分からない」もの（米国のノーベル賞受賞経済学者：ジョセフ・スティグリッツ、ポール・クルーグマン、ロバート・シラーや日本の著名な経済学者：金子勝教授もそれに賛同している）ではないのである（この図書で述べた資産価格形成の本質としての数値をこの論文の PAR と PIR で捉えておけば分かることである）。

　実は筆者は、図書『土地価格形成の理論』東洋経済新報社 1977.2（当時の日経新聞紙上で好意的な書評も）で、バブルよりもかなり以前の段階で、「土地の価格は、本質的には……収益価格によって規定」されるものとしていたから、政策当局者・金融機関経営者・一般企業経営者、及び家計保持者等がそれを読んでくださっておれば膨大なバブルに対するブレーキを効かせることができたのにという無念の思いを今も引きずっている。

3）建部好治論文「総合的土地政策に対する提言」日本不動産学会誌 6 号 1991 pp.58-78、折れ線グラフの一部を分かりやすいように棒グラフに変えている。同学会では膨大なバブルとその崩壊時の問題と同時に、当時日銀が低金利で金融緩和を続ける間違い（フローの商品・サービス価格だけではなくストックの土地・株式価格の安定も重要なのに後者を対象外にしていた）を指摘していた。

4）建部好治論文「米国が超金融緩和からの出口政策ができているのに日本がそれをできない理由と出口政策の必要性」表1・2（日本環境共生学会2018年6月2日、総会後に特別講演したもの、『環境共生』vol.34 2019.3.31）所収。

5）川合一郎「擬制資本」、大阪市立大学経済研究所編『経済学辞典 第3版』岩波書店 1992.3 p.221。

6）筆者の計算では、上場会社のメーカーでは1.4〜1.5倍、同ディーラーでは1.1〜1.2倍高かった（建部好治著『上場・非上場株式評価の基礎理論と具体例』清文社 2000.8 p.160、p.166）。

7）Capital Evolver「企業価値評価（バリュエーション）の方法」。http://capitalevolver.com/study/valuation_dividend.html

8）日本証券業協会「投資の時間」PER。http://www.jsda.or.jp/jikan/word/116.html

9）財務省編『財政金融統計月報 法人企業統計年報特集』。Rc は、仮に分子の Pc ＝土地＋その他の有形固定資産＋建設仮勘定、分母の A ＝減価償却費＋特別減価償却費＋内部留保 で求めてある。

10）1969年度の時価は、同年度の土地簿価に日本不動産研究所の宅地六大都市全用途平均前年比変動率を適用、次年度以降は前年時価と簿価との差額を同年度の簿価に加算したものに同前年比変動率を適用して算出した（①同研究所の宅地全国全用途平均前年比変動率はバブル期に顕著な動きを見せていないこと、②六大都市の所有権移転件数は2018年1月時点でも94％を占めていることから、全国ではなく六大都市のものを採用した：別表Ⅶ参照）。

11）居住用不動産価額は Robert Cyran 記事「コラム：米住宅市場、価格上昇で「後遺症」克服できるか」ロイター（2017.8.30）https://jp.reuters.com/article/column-us-housing-idJPKCN1BA06R, 可処分所得は「諸外国の可処分所得をグラフ化してみる（最新）」ガベージニュース（2017.10.06）による。http://www.garbagenews.net/archives/2288825.html。

12）当時大蔵省銀行局の西村吉正審議官は「あれだけ異常な地価高騰を起こしたことが何よりも大きな間違いであった。……振り子が一方に大きく振れてしまった時は、……どうしても反対側に大きく振れざるを得ない」としながら、1992・1993年度の「経済白書」を引用して「情勢判断の前提となる当時の景況感は、……早晩バブルの影響から脱却できるとの見方が多かったのである」と述べている（同著『金融行政の敗因』文春新書 1999.10 p.76、p.78）。

　また、1992年に宮沢喜一首相の秘書官は「……役人たちは、株はある程度仕方ないが、土地がこのまま下がり続けるはずはないと思っているもんだから、いっこうに危機感を持たないし、（対応策を）上げてこない」といっていたという（西野智彦著『平成金融史』中央公論新社 2019.4 p.30）。

　筆者が2）の後段の図書（1977.2）で「土地の価格は、本質的には……収益価格」と書いていたのにそれを読んでいない不勉強がもたらした責任をしっかり反省し、同前段の図書（2013.12）をもしっかり読んで今後に備えて欲しいものである。

Ⅷ. 第三者（顔の見えない）資本主義から仲間（顔の見える）協同組合主義へ

―証券化の功罪を超えて―

　資本主義は、産業革命以後の約 150 年間に急膨張を遂げたあげくに、1929 年世界恐慌によりその矛盾を顕在化して、①グラス・スティーガル法と、②ケインズ理論等を生み出した。

　それらは資本の自由な蓄積活動を妨げるものだという新自由主義思想により、①は 1999 年のグラム・リーチ・ブライリー法により効力を削がれ、②は 1980 年前後に 成立したサッチャー政権とレーガン政権等の小さな政府志向により無力化された。その結果として、①エンロン事件を招き、②リーマンショック等を惹起するに至って、漸く資本主義の限界が意識されだした（日本でも**東芝事件**等を惹起している）。

　サブプライム問題の主要な原因の一つは、「当事者相互の顔の見える関係」（お互いの目と目を合わせる関係）**のもとで成立した住宅ローン債権を「証券化」、すなわち「当事者相互の顔の見えない関係」にして金融工学利用によりそれらを複雑に組み合わせて作成した金融商品を信用のおけるものとして売却したことから惹起された。**

　したがって資本集中の利便性を目的とした証券化により**「当事者相互の顔の見えない関係」の制度を構築したことは本質的な欠陥を持つこと、それをシステムでカバーしきれないことにより粉飾決算が後を絶たないことを、**われわれは知る必要がある。

　そこでここでは、第 1 に、信用の定義と信用の基礎、第 2 に、証券化のプラスの側面、第 3 に、証券化のマイナスの側面、第 4 に、第 3 をカバーするシステムとしての財務諸表に対する二重責任と証券取引所のルールについて説明する。第 5 に、第 4 のシステムによりその「当事者相互の顔の見える関係」の破壊をカバーすることには限界があることに言及する。第 6 に、第三者資本主義の限界を補うものの一つとして**協同組合主義の重要性**を述べる。

特にＣ（消費者）to Ｂ（企業）の時代に相応しい、消費者が組合員として出資する強力な消費者協同組合を育成して、あらゆる消費財の購入窓口にしていく政策が必要であることを提言し、併せて「生態系主主義」（エコクラシィ）という重要な哲学につき説明したい。

なお題名は、資本主義の活動が、株式が証券市場で顔の見えない第三者に売却された以降であるのに対して、協同組合は、顔の見える又はそれに準ずる仲間同士の関係になることによる。

1．信用の定義と信用の基礎

（1）信用の定義

信用は、通常、「貸借」として用いられているが、ここでは、株式に代表される「証券」の形態をとる「出資」をも含めることとする。そのうえで、「証券」を法律上の有価証券に限定せずに広義に捉え、同様に「信用」も広義に捉えて、「信用は、一方的な貨幣・資本・商品等（保証を含む）の授受又は提供・受領である」と定義する[1]。その内訳は、一方的な貨幣・資本・商品の授与・受取とサービスの提供・受領である。

（2）信用の基礎

本来の信用の基礎は、お互いの人間としての権利を認め合うことを前提とした「当事者相互の顔の見える関係、すなわちお互いの目と目を合わせる関係にある。それ故、貸し手が借り手をよく知っていることが基本的に要求されることになる。

逆にいえば、いくら「当事者相互の顔の見える関係」にあっても相手を見下し極端には奴隷化しているときは、権利が認められない相手との関係では信用は成り立たない。

【ゴリラの社会性】

ちなみに、「お互いの目と目を合わせる関係」については、「人類と祖先を同じくするゴリラ」にも見られるのが重要である。ゴリラは、「厳密なヒエラルキーのある社会に生きている」サルと異なり、社会性を持つ動物である。というのは、「ゴリラは相手の気持ちを汲み取っている」。そしてゴリラは言葉を持たないから、表現はいっそう直裁的である[2]。これがゴリラの本質であるから、祖先を同じく

する人類にとっても本質的なものであるといえる。

したがって、「当事者相互の顔の見える関係（お互いの目と目を合わせる関係）」が、社会性の重要な一つである信用を基礎づけているのである。

【小規模社会の社会的行動】

国家社会の形成以前の小規模血縁集団や部族社会は、人口が数十人か数百人ほどしか存在せず、誰もが顔見知りであり、だれとだれがどのような人間関係にあるかを全員が分かっているから、人は、自分の人間関係のつながりに準じて社会的に行動し、社会的義務を果たすべく振る舞う。見知らぬ他人はよそ者であり、敵の部族の人間だから、森のなかで赤の他人に出会ったときは、もちろん殺すか逃げるかのいずれかである[3]。それ故、ここでも「誰もが顔見知り」であることが重要とされる。

【「貸借」の場合】

「貸借」の場合、「当事者相互の顔の見える関係」にあって、たとえば借り手が個人のとき、具体的には貸し手は、借り手の返済能力を問う前に、先ず見るのは借り手の人柄である。人柄については、お互いの顔を見合わせ、お互いの目と目を合わせることにより、信用をおけるかどうかの判断を下すことになる。そのうえで借り手の返済能力を問題にする。

借り手の返済能力としては、通常短期的には借り手の可処分所得が問われ、長期的（1年を超えるもの）には可処分所得の持続性との関係で、物的担保又は保証が必要になる。

景気の変動があるから、長期になると賃金の引き下げ、失業等により期待した可処分所得が得られなくなって返済困難、ないし返済不能になったときに、貸し手は担保物件の処分又は保証人に対する請求により貸金を回収するのである。

借り手が法人のとき、具体的には貸し手は、借り手の返済能力を問う前に、先ず見るのはやはり借り手の経営者としての人柄である。そのうえで借り手の返済能力を問題にする。

借り手の返済能力としては、通常短期的には借り手の粗収益力の反映としての資金繰りが問われ、長期的（1年を超えるもの）には借り手の粗収益力との関係で、物的担保又は保証が必要になる。粗収益力とは、売り上げに支えられた利益の留保分に減価償却費を加えたもの（返済資源）を稼ぐ力のことである。景気の

変動の場合は、個人のときと同様である。

　ここまでは「当事者相互の顔の見える関係」が信用を支えていることが重要である。そこでは借り手側は、勤務又は営業に励んで所得又は収益を上げたうえ約定返済の実行をするから、貸し手との間には「共生の関係」が構築されている。

　しかしながら、貸し手がその貸出債権を「証券化」して新しい貸し手に売却すれば、その時点で貸し手と借り手とのお互いの顔の見える関係がなくなって「共生の関係」が崩れてしまうことになる。それ故、「証券化」は、資本の回転を速めることに貢献するというプラスの側面ばかりが強調されているが、それは信用の基礎を破壊するという決定的なマイナスの側面を持つことも指摘しておく。

【「出資」＝「証券化」の場合】

　「出資」の場合、株式（社債）発行市場のときは、当初、営業者と出資者は「当事者相互の顔の見える関係」にあるが、システムとして返済による回収がないから、当初の出資者は、流通市場で株式を売却して資金を回収する。しかし通常営業者は、次の出資者とは「当事者相互の顔の見えない関係」者になり、さらにその株式を引き継ぐ第三の出資者との関係についても同様である。

　「当事者相互の顔の見えない関係」の下におかれると、営業者は、出資者の資金を増殖するべく、もっぱら自己利益の追求に専念し易くなる。極端には、法を犯してまで無責任で無慈悲な傍若無人の振る舞いをするようになることもある。

　したがって「出資」の場合には、発行市場を含めて、証券信用を支える完備したシステムを構築して堀り崩された社会的信用をカバーする必要に迫られることになる。そのシステムについては、章を改めて詳述する。

2. 証券化のプラスの側面

【株式】

　「証券信用」は、まず株式について、歴史的には近代（1688年の名誉革命）以前の段階で、1600年に世界初の株式会社としてイギリス東インド会社が設立（オランダのそれは1602年、フランスのそれは1604年にそれぞれ設立）されている。日本では、鎖国のためにかなり遅れて、1873年に設立された第一国立銀行が最初の株式会社とされている（しかし、その萌芽は、江戸時代初期（世界初の株式会社設立とほぼ同時期）の幕府発行の「朱印状」による「朱印船」―航海ごとに「複

数の商人が共同で出資し、帰還して稼いだ利益を分け合う」もの―が会社の原点ともいわれている）。

　株式は、総資本の蓄積の二つの手段（集積と集中）のうちの資本の集中を担うものである。株式は、論理的には、資本制以前に、営業主体が個人→組合→合名・合資会社を経て株式会社にまで展開をして、そこではすでに営業者と出資者が分業体制にあったものを、①個別資本にとっての巨額の実物資本（固定資産）を賄う長期的・安定的な資金の調達、②総資本にとっての個別の遊休貨幣・遊休貨幣資本の集中による資本蓄積、及び③機能資本家（営業者）と所有資本家（出資者）の機能分化（支配株主と少数株主への質的分化と少数株主の所有株式の社債化）を利点として受け継がれたものである。

　そして「証券信用」は、一度成立すると、株式のほかに社債、さらには証券化商品等を生み出して、資本蓄積の進展に大きい役割を果たしてきている。証券化商品は、1982 年の中南米諸国の破綻を契機として考案されたものである。

【不動産投資信託】

　不動産小口化商品の供給は、バブル景気時の 1987 年からワンルームマンション等を対象として始められた。しかし、バブル崩壊とともにそれは、大幅な値下がりにより投資家にかなりの損失をもたらしてトラブルも生じていた。それ故、当初は投資家保護のために、次いで不動産の流動化等のために、次々と法的措置がとられてきている。

　それらには、1995 年 4 月施行の「不動産特定共同事業法」、1998 年 9 月施行の「特定目的会社による特定資産の流動化に関する法律」（SPC 法）、2000 年 5 月改正の「資産の流動化に関する法律」（SPC 法から資産流動化法へ）・新創設の「特定目的信託制度」、及び改正された「証券投資信託及び投資法人に関する法律」（いわゆる投信法）がある。これらの法は少額でも貸しビル・マンション等への投資を可能にするものである。

　この投信法の影響は大きく、「不動産投資信託」（日本版 REIT）が登場してその残高を急激に増やしている。それは、多くの投資家から集めた資金でオフィスビル・商業施設・マンション等複数の不動産などを購入し、その賃貸収入や売買益を投資家に分配する商品である。

3. 証券化のマイナスの側面

【株式】

　株式では、当初の次の出資者は「当事者相互の顔の見えない関係」者になるから、総資本にとっては、それをカバーする制度を構築して破壊された信用を回復することが必要になる。

　それは、第1には、株式の流通市場の信用を支えるシステムとしての対象各企業の財務諸表の正確性・妥当性を担保する二重責任があり、第2には、その市場参加者に対する証券取引所のルール遵守の要請がある。

　これらのシステムは、1929年の世界大恐慌の経験により、整備されてきた重要なものであるが、ペコラ委員会の調査過程で出てきた第1の財務諸表に関わるものは、粉飾決算であり、第2の株式取引に関わるものは、次のようなその取引に関わるあらゆる不正行為が含まれていたという[4]。

　①相場操縦、②見せ玉、③ノミ行為、④インサイダー取引等

　1929年の世界的な証券恐慌のあと、アメリカ議会は、大統領のもとで銀行倒産の原因究明と対策のために多数の聴聞会や委員会を組織した。ペコラ委員会は、そのなかの代表的なものであった。

【不動産投資信託】（REIT）

　この「証券化商品」は、「当事者相互の顔の見えない関係」にあるものである。

　J-REITの価格は、周知の通り、2009年9月のリーマンショックで外資系の投資家が換金売りを急いだこともあって暴落したが、その暴落の理由の一つとしてその鑑定評価額が高すぎたこともあったのではないかと問題があった。

　このことにつき当時の目論見書で調べてみると、一部ではあるが、REITの鑑定評価により求める価格の種類が鑑定評価額が正常価格でないという次の「不動産鑑定評価基準」（以下「基準」という）の規定もあって、積算価額≒正常価額とすれば、その鑑定評価額が積算価額よりもかなり高く、なかには倍以上のものがかなり見受けられたことも大きい理由の一つではないか？　そのような銘柄は激しく暴落して、REITの投資家に大きい損害を与えているから、関係者は猛省するべきである。

　「基準」は、鑑定評価により求める価格の種類には、①正常価格、②限定価格、③特定価格、及び④特殊価格の4種類があり、REITについて鑑定評価により求

める価格の種類は、そのうちの③の特定価格、すなわち「市場性を有する不動産について、法令等による社会的要請を背景とする評価目的の下で、正常価格の前提となる諸条件を満たさない場合における不動産の経済価値を適正に表示する価格」であるとしているのである。

　しかしながら、①学問的には土地（不動産）価格の本質は、収益価格である。この収益価格には、正常な諸条件下にある市場の下で実現した価格の支えが必要である[5]。そして、② REIT は、投資法人等の所有不動産の運用収益及びその譲渡益のなかから REIT の投資家に配当を行うものであり、所有不動産を逐次譲渡により入れ替えていき、REIT を終えるときにはすべてを譲渡するものであるから、「運用上の留意事項」のところで、「投資法人等が特定資産を譲渡するときに依頼される鑑定評価で求める価格は正常価格として求めることに留意する必要がある」としているように、REIT の鑑定評価により求める価格の種類を「正常価格」と規定し直すべきである。

　その出口を正常価格としているのに、入り口とそこから出口までの途中の過程のものを特定価格としているのでは理論的に一貫性に欠けているといわざるを得ない（2014 年 5 月 1 日の改正の解説で「REIT 等による運用型の証券化の場合は、標準的な投資期間に得られる収益に基づいて市場が形成されている場合が多いので、結果として正常価格を求める場合が大半を占めることが想定される」としているが、まだ上記の一貫性に欠けている面が残されている）[6]。

4. 財務諸表に対する二重責任と証券取引所のルール

【経営者の適正な財務諸表の作成義務】

　株式の流通市場で売買される対象各企業の財務諸表は、正確かつ妥当なものであるべきである。その第 1 の責任はそれを作成する経営者にあるとされている。

　法的には 2006 年 5 月施行の「会社法」と、2008 年 3 月決算から施行の「金融商品取引法」により、上場会社の経営者は、毎年 1 回「有価証券報告書」という金融商品取引法に規定された書類（前者では、単体及び連結（任意）の貸借対照表・損益計算書・株主資本等変動計算書・個別注記表、事業報告及び附属明細表、後者では、連結及び単体の貸借対照表・損益計算書・株主資本等変動計算書・キャッシュフロー計算書及び附属明細表：以下計算書類等という）を、決算日後

3か月以内に提出し、さらに4半期毎の要約報告を行うこととされている。

【経営者の責任】

　経営者には**適正な財務諸表の作成の第1次責任**があるのに、それを自覚していないから、たとえば住専問題に関連して、「経営者の無責任さのあらわれ」を指摘し、「日本では経営者の責任があいまいにされたままで、誰もそれを追及しない」と鋭く言及する図書[7]もある。

【監査役】

　「会社法」において監査役は、**取締役の職務の執行を監査**すること（同法第436条）並びに**計算書類・事業報告及び附属明細書を監査**すること（同法第381条）と規定している。

　この監査には、通常、**業務監査**（定款で除外可能）と**会計監査**の双方が含まれている。

　監査役の重要な役割としては、「取締役が監査役設置会社の目的の範囲外の行為その他法令若しくは定款に違反する行為をし、又はこれらの行為をするおそれがある場合において、……当該監査役設置会社に**著しい損害が生ずるおそれがあるときは、当該取締役に対し、当該行為をやめることを請求することができる**」（同法第385条）という規定があるが、**実情は度重なる「不祥事件」に見られるようにあまり機能していない状態**にある。

　しかもこの規定には、バブル景気時のような**法令等に違反しないが、会社に著しい損害が生ずるおそれがある業務上の行き過ぎた行為をやめさせることまでは含まれていないという重大な欠陥がある**ことを指摘しておかねばならない。

　そこで**日本経団連**[8]は、1991年の「企業行動憲章」の制定や、1996年の「実行の手引き」の作成等の数次にわたる憲章並びに実行の手引きの見直しを行ってきている。

　そして今般、「企業の社会的責任」を取り巻く最近の状況変化を踏まえて、会員企業の自主的取り組みをさらに推進するため、**企業行動憲章を改定**している。

　また**経済同友会**[9]は、21世紀を迎え、企業経営を取り巻く環境が大きく変化する今日、「企業の社会的責任」の重要性を「**CSR（Corporate Social Responsibility）**」という言葉で改めて提起し、その**実践を推進**している。

【公認会計士又は監査法人による財務諸表の監査責任】

　公認会計士又は監査法人は、経営者の作成した年々の計算書類等を監査して、**その適正性と妥当性についての意見を表明**しなければならないこととされている。

　法的には「会社法」第436条により、株式会社は、会計監査人の監査を受けなければならないものとされ、「金融商品取引法」第193条の2により、上場有価証券の発行会社は、財務計算書類等（内部統制報告書）について特別の利害関係のない公認会計士又は監査法人の監査証明を受けなければならないものとされている。しかし、その**監査責任が十分に果たされているとはいえない状態**にある。

　そこで国際会計士倫理基準審議会（IESBA：国際会計士連盟内の、倫理に関する基準を作成）は、その「**職業会計士の倫理規定**」において、**監査人としての独立性について規制の網を広げ、かつ厳格化**している。「特定の事業体の監査からの収入への依存度が高いと、その監査法人の独立性に関してチェック機能が働くしくみ」としたのである[10]。

【証券取引所のルール】[11]

　次に証券取引所は、以下に述べるように**厳しいルール**を設け、株式取引をめぐって**予想されるあらゆる不正行為を防ごう**としている。

　上場制度整備：2009年の上場制度整備にあたっては、最重点課題として、2008年に引き続き**コーポレート・ガバナンス向上に向けた環境整備**を掲げるとともに、併せて、近年の環境変化を踏まえた**適時開示に係る制度及び実務の整備**についても取り組むものとし、個別の対応内容を「**上場制度整備の実行計画2009**」として取りまとめたものである（①速やかに実施する事項、②具体策の実施に向け検討を進める事項、③検討を継続する事項の3段階の区分に整理されている）。

5．会計不正と信用破壊カバーシステムの限界

【会計不正事件】

　米国のエンロン、ワールドコム事件や日本のカネボウ、東芝事件等の引き続く**会計不正は、信用破壊カバーシステムの限界を露呈**している。

　これらの諸事件のうち、米国については片岡信之教授の論文[12]により、日本については境新一教授の論文[13]とNHKの「クローズアップ現代」[14]により説明

を行うことにする。

【エンロン事件】

米国では、エンロンが、エネルギー・マーケットの**規制緩和**が継続するなかで、「市場のアンバンドリング」が行われれば、ガス・電力・石油市場がいずれも生産・輸送・卸・配給に分離され、自社設備を持たずに市場での売買だけで商売をすることが可能になり、資産あたりの利益率が高くなり、株価や格付けの評価に好影響を及ぼすはずと考えた。

同社は、ビジネス戦略を二つの方向（天然ガスの現物供給事業と金融リスクマネジメント・サービスを提供するガス・バンク事業）で展開した。

そして、**価格変動をヘッジする仕組み**を作り、さらにその先物契約の権利を売買する市場（オプション市場）を作り、自ら売買して利益を増やすことを狙って、**合法的魔術で膨らませた売上で、一気に急成長企業**になった。

しかしながら、その舞台裏では**深刻な矛盾が蓄積**されてきていたときに、2000年夏を境に、IT バブル崩壊で株価が下落基調に転じたことで、**状況が一変**した。エンロンは株価暴落、社債格付け引き下げ、債務返済繰り上げ、下落した担保価値の損失処理、等々に相次いでおそわれることとなった。甘い錬金術は逆回転して過酷な重圧となり、資金流出を回避するため大がかりな粉飾決算への道を辿ることとなった。

【ワールドコム事件】

ワールドコムは、通信分野の**規制緩和**等をうまく利用して、強引に相次ぐ買収を進めた。

同社は、エンロンと同様に、**インターネットブームとハイテク株バブルを追い風にした自社株価上昇を演出して、相次ぐ買収**を進めた。株価の上昇を見込んで規模を拡大し、経営者も莫大な報酬を得るという**株価至上主義経営**を行った。

ワールドコムは、合併を繰り返しつつ規模を拡大し、株式公開を果たした。ついには全米3位の長距離通信大手スプリントを買収し、米国2位の長距離通信会社にまで成長した。

しかし、**好事魔多し**。1999年秋に1200億ドルを投じて行おうとしたスプリントの買収計画が**反トラスト法**（独占禁止法）に阻まれて、翌2000年に買収断念に追い込まれた。折しも**2000年は春からインターネット株・ハイテク銘柄が下**

落し、さらには９月の「インテルショック」を契機に、**ネットバブル崩壊**の様相を呈し始めた（このときの不況対策としての金利引き下げがサブプライム問題に！）。

【米国会計不正事件の総括と対策】

　片岡信之教授は、これらの事件については、「**アメリカ型コーポレート・ガバナンス**（株主利益第一主義の企業経営をベースにし、株主と取締役会が経営者を監視する仕組み）**に対する信頼の揺らぎと様々な教訓を投げかけた**」ものと総括している。

　米国では、これらの事件への対策として、サーベンス・オクスリー法（略してSOX 法）を成立させた。それは、①コーポレート・ガバナンス（企業統治）の強化、②正確な財務情報の提供、③会計監査制度の改革（内部統制に関する監査も要求）を主な内容としている。

【カネボウ事件】

　日本では、カネボウが、各部門毎に、売上の数字を操作するなどの**粉飾のノウハウ**を持っていて、**それを各部門の経理担当者がそれぞれ継承**していた。

　そこでの主な粉飾の手法は、「押し込み販売」と「宇宙遊泳」などであった。しかも、３人の公認会計士は、「カネボウの損失を抱えた関連会社を連結決算の対象から除外するようアドバイスするなどして、**債務超過を資産超過と偽った有価証券報告書に「適正」の意見をつけ、粉飾に加担した**」という信じ難いことも行っていた。

【東芝事件】

　東芝は、リーマンショックの頃に世界的な景気悪化で売上が激減して過去最悪となる赤字に陥ったので、当時の西田社長は、業績を上げるよう部下達に強く迫るようになり、月１回、社長月例と呼ばれる会議に責任者を呼び寄せて、「**具体的な金額をあげて「利益を死守しろ」などと発言**したので、利益をかさ上げする会計処理になった。

　不正会計は、2009 年６月に替わった佐々木社長の時代に、さらにエスカレートした。その一因となったのが**東日本大震災後の経営環境の激変、特に経営の柱としていた原子力事業の先行きが見通せなくなった**からである。

　佐々木社長の不可能な要求に反論する人はいなかった。この頃になると、本来

会計をチェックすべき部門が、社長の意を汲んで現場に圧力をかけるようになり、先行的な監査委員会の導入も機能しなかった。田中社長の時代も、利益のかさ上げは続いた。

不正会計は、結果的に「誰も止められないまま7年にわたって続いた」という。

【日本会計不正事件の総括と対策】

境新一教授は、**カネボウ事件等を総括**して、「……企業が不祥事を起こした際、経営者が社会への説明責任を全うするためには、内部調査のみならず、企業から独立している外部の専門家による状況調査が望ましい。**内部調査のみならず、外部の専門家による調査を併用**することは、対外的な説明責任だけでなく多くの利点があろう」と述べている。そして一般従業員に対しても**経営への高い意識を持ち、財務会計に対する着眼点を持つことが重要**であろうとつけ加えている。

また、**新たな会社法の施行**は、経営と法律に関する機動的な対応関係の構築、及び当該乖離の縮小が期待されるともいっている。

日本公認会計士協会は、会長声明でカネボウ事件に対して2005年9月16日に**監査の信頼性を確保**するため次の対応をとっていることを表明した。

① 監査事務所における監査の品質の維持向上を図るための品質管理レビュー制度で、品質管理レビューアーを10名から20名に増員するとともに、IT専門家をレビューアーに登用する等その制度の充実強化に取り組んでいる。

② 綱紀事案の処理体制の透明性、公正性及び迅速性を確保するため、会員のほか法律専門家や学識経験者による綱紀審査会を今秋から立ち上げる。

③ 監査実務の充実を図るため、実施すべき監査手続を見直し、必要充分な監査時間数の確保及び投入時間の適正配分について、会員の指導監督に努める。

④ 公認会計士や企業関係者から電話や電子メールで監査に関する情報提供を受けるホットラインを創設する。

そしてその締めくくりでは、**エンロン事件**は、一会計事務所の問題ではなく、公認会計士全体の問題として、**米国では国民から監査に対し厳しい批判が寄せられ、最終的には公認会計士に厳しい公開会社会計改革法が制定された**。監査に従事している会員は、……カネボウ事件を個別事務所の問題……ではなく、会員全体の問題という認識の下に、協会とともに一体となって、**監査の信頼性確保に取り組まれることを強く要望する**、とした。

　東芝事件に対しては、澤邉紀生教授が、「就社」のもとでは社内で頑張れば頑張るほど、長年勤め上げれば勤め上げるほど、社内独自の**狭い倫理観**に染まっていき、**社会全体の倫理観からずれてしまっている**ことに気付かないということがあってもおかしくないとし、いろいろな大きな会計不祥事と比べると、今回の事例というのは比較的、多くの部署において繰り返し行われていたような会計操作になっているという。

【当事者相互の顔の見えない関係の視点の欠如】

　「当事者相互の顔の見えない関係」にある代表的な株式等については、以上の**経営者（CEO・CFO）の適正な財務諸表の作成義務**、監査役、公認会計士又は**監査法人による財務諸表の監査責任**、及び証券取引所のルールがある。

　それにもかかわらず、何度も粉飾決算等の会計不正事件が起きているのに、上記の米日会計不正事件の総括と対策に見られるように、それらには**もっと奥深いところにある根本的な原因としての、「当事者相互の顔の見えない関係」の視点が欠如している**のである。

　「証券化」は本質的に信用の基礎を掘り崩すから、これらの制度により会計不正事件を皆無にすることには大きい限界があることを知るべきである。

　しかも最近には、当該市場参加者は、人間行為の不可能な、それ故「**当事者相互の顔の見える関係」を破壊するロボット**（「カブロボ」）取引による高速回転取引まで行うようになってきている。

6．協同組合主義の重要性

【協同組合の歴史】

　歴史的には協同組合は、1820 年以前に「孤立した実験」としての**協同組合運動**があった。その後ロバート・オーエンの**協同思想**に導かれて、1844 年に「**近代協同組合の創始**」としてのロッチデール公正先駆者組合が創立された。当時の闘いに込めた言葉は「**自助**」＝「人々の自立を支援し自立した人々の福利を保障する」というものであった[15]。

　哲学者の柄谷行人は、**マルクスがイギリスの協同組合運動に非常な関心を示した**ことを揚げて次のように述べている。

　協同組合は、リカード左派の「**労働全収穫論**」から出てきた二つ（**労働組合と**

協同組合）の運動の一つである。労働組合は、資本が労働者を結合して働かせて得る譲与をとりもどす闘争である。**協同組合は、労働者自身が労働を連合するもの**である。この場合、利潤は当然、労働者自身に分配される。これはもはや**資本制生産ではない**。労働力商品は存在しない[16]。

しかしながら、**労働組合の組織率は**、世界の先進資本主義国で**下落を続けてい**るから、総資本に対する対抗力としては、もはや**従前のように期待できなくなってきている**[17]。

協同組合も長い歴史のなかでいくつもの困難に遭遇しては相応に対処してきているが、その事業と運動には**課題や問題が矢継ぎ早に現出してきている**[15]。

日本では、**賀川豊彦**が、「協同組合の精神を一口にいえば**助け合いの組織である**」とし、次の七種類のものが必要であるとしている[18]。①生産組合、②消費組合、③信用組合、④販売組合、⑤共済組合、⑥保険組合、⑦利用組合。

加山久夫によると、それは「**友愛の政治経済学**」であり、賀川は、世界連邦運動協会を立ち上げて、**協同組合精神による世界平和の実現**を呼びかけた[18]。

【協同組合の定義・価値・原則】

「協同組合のアイデンティティに関する ICA 声明」（1995 年：日本生協連訳）によると、協同組合の定義・価値・原則は、次の通りである[19]。

定義：協同組合は、共同で所有し民主的に管理する事業体を通じ、共通の経済的・社会的・文化的ニーズと願いを満たすために自発的に手を結んだ人々の自治的な組織である。

価値：協同組合は、**自助、自己責任、民主主義、平等、公正、そして連帯の価値を基礎とする**。それぞれの創設者の伝統を受け継ぎ、協同組合の**組合員**は、正直、公開、社会的責任、及び他人への配慮という**倫理的価値を信条とする**。

原則：協同組合原則は、**協同組合がその価値を実践に移すための指針**である。それは、次の**七つの諸原則**からなる。

第1原則　自発的で開かれた組合員制：協同組合は、自発的な組織である。同組合は、性別又は社会的・人種的・政治的・宗教的な差別を行わない。同組合は、そのサービスを利用することができ、組合員としての責任を受け入れる全ての人々に対して開かれている。

第2原則　組合員による民主的管理：同組合は、その組合員により管理される民

主的な組織である。組合員はその政策決定、意思決定に積極的に参加する。選出された代表の男女は、組合員に責任を負う。単位協同組合では、組合員は平等の議決権をもつ。他の段階の同組合も、民主的方法により組織される。

第3原則　組合員の経済的参加：組合員は、同組合の資本に公平に拠出し、それを民主的に管理する。その資本の一部は通常同組合の共同の財産とする。組合員は、払い込んだ出資金に対して、配当がある場合でも通常制限された率で受け取る。そして剰余金を次の目的の何れかまたは全てのために配分する。

　準備金を積み立てることにより、同組合の発展、協同組合の利用高に応じた組合員への還元、組合員の承認により他の活動を支援するため、その準備金の一部は分割不可能なものとする。

第4原則　自治と自立：同組合は、組合員が管理する自治的な自助組織である。同組合は、政府を含む他の組織と取り決めや、外部から資本を調達する際には、組合員による民主的管理を保証し、同組合の自主性を保持する条件で行う。

第5原則　教育、訓練および広報：同組合は、組合員、選出された代表、マネジャー、職員がその発展に効果的に貢献できるように、教育訓練を実施する。同組合は、一般の人々、特に若者等に、同組合運動の特質と利点を知らせる。

第6原則　協同組合間協同：同組合は、ローカル、ナショナル、リージョナル、インターナショナルな組織を通じての協同により、組合員に最も効果的にサービスを提供し同組合運動を強化する。

第7原則　コミュニティへの関与：同組合は、組合員承認の政策を通じコミュニティの持続可能な発展の活動をする。

【レイドローの協同組合セクター論】

　カナダの協同組合運動家であるＡ・Ｆ・レイドローは、**1980年の「レイドロー報告」**において、「**協同組合セクターは、思想的には実利主義と理想主義の混合物であり**、公的セクターと私的セクターの中間の位置にあるが、**基本的には資本主義に対する一つの代案である**」として、次の四つの優先課題をあげている[15]。

　①世界の飢えを克服する農業協同組合の役割、②新しい産業革命における労働者協同組合の役割、③保全社会における消費者協同組合の役割、④協同組合地域社会の建設。

【21 世紀における協同組合セクターの新展開】

協同組合セクター論では、「21 世紀の社会経済は、「公協私の新しい混合経済」が求められて」おり、旧混合経済（公私混合経済）、新自由主義でもなく、社会セクターやコミュニティと連関しそれを内に含む協同組合セクターを重要な構成要素とした「公協私の新しい混合経済」が 21 世紀社会経済の基本方向として提起されるであろう」としている。

具体的には、田中夏子が、レイドローの④を超える協同組合の課題を検討して、「協同組合の共益性から「ケアの倫理」である公益性を自覚的に求めていくこと、地域における社会関係を豊かにすることが必要とされ、協同組合が協同組合にとどまらない社会形成の担い手や問題に直面する当事者との連携を重視すべき」としている[15]。

【株式会社と協同組合】

株式会社では、次の三つのもの、すなわち「株主の利益と経営者の都合と顧客の嗜好とが原理的に並列」している。だが協同組合は、「生活や生業を営むにあたって何らかの願い・ニーズを抱いた組合員が、自ら出資をして事業体を立ち上げ、その事業を利用するとともに自ら運営・管理する」ものであるから、そこでは上記の三つのものが組合員という存在のなかで一体化している」のである[15]。

【国際協同組合年（2012 年）】

国連は 2012 年を「国際協同組合年（International Year of Cooperatives）」と定め、貧困削減や雇用創出、社会的統合など、協同組合による社会経済開発への貢献に光を当てた。そして「Cooperative Enterprises Build a Better World（協同組合はよりよい世界をつくる）」のテーマのもと、同国際年を通じて世界中の協同組合の成長と設立を促した。

個人、地域、NGO や政府組織は、国連ミレニアム開発目標（MDGs）を達成するうえで、協同組合の果たす役割を改めて認識することが求められた[20]。

日本では、「2012 国際協同組合全国実行委員会」により「協同組合憲章〈草案〉」が決定され、協同組合法のあり方についても提言が行われた[15] ことが重要である。

【日本の協同組合】

日本の主な協同組合の組合数は 3 万 6,000 以上、組合員数は延べ 8,000 万人以上（2009 年 3 月現在）にもなる。業種も、農業・漁業など 1 次産業から生協、

信用・共済、医療・福祉まで多彩である。その中でも代表的なものの一つは、JA（農業協同組合）である[21]。

　また、「日本の消費者協同組合は、全国ですでに 2500 万世帯を組合員として組織している」ともいわれている[15]。

　いうまでもなく全員が消費者であり、よいものを妥当な価格で入手したいという共通の願いを持っている筈であるから、その組織力を高めて、「当事者相互の顔の見えない関係」（相手の気持ちを汲み取らない関係）であることを幸いとして、新自由主義により自己利益をひたすら追求する資本に対抗する方向を目指すことは不可能ではない筈である。

　したがって、特に C（消費者）to B（企業）の時代に相応しい、消費者が組合員として出資する強力な消費者協同組合を育成して、あらゆる消費財の購入窓口にしていく運動とそれを後押しする政策が必要であることを強く訴えたい。

　消費者よ団結せよ！

　国外の協同組合にはあまり見られない特徴の一つとしては、協同組合従業員・労働者の経営と事業への参画が指摘されている。このことは「実践的にも理論的にも、今後さらに追求しなければならない最大の課題の一つ」とされている[15]。

おわりに

　歴史的に見れば明らかなように人間は、社会のなかの存在である以前に、自然のなかの存在である。それ故、人間は生態系のなかの一部であるということを先ず自覚しなければならない。そしてこのことから、社会における重要な「民主主義」（Democracy）を超えて「生態系主主義（Eco-cracy）」を最重要視する必要が出てくるのである。

　したがってこの著書では、第1に、基本哲学の「生態系主主義（Eco-cracy）」により行動する（「人間の眼と同時に動植物等の眼（想像によるもの―以下同じ）との複眼で見る」という観点から動植物の生存条件を想像し、それを各人間が理性的に各自己認識をして、行動する）という考えの下に議論を進めてきている。

　このような考えから人間のこれまでの行動を振り返ると、短期的な思考の下の視野の狭い実践が、社会・自然環境の両面における不祥事件・動植物生存域の狭隘化と気候大変動を招来していることが明らか理解できるようになる。そこでは動

植物等の継続的な存在条件への配慮が欠けているし、人間自体についても各自己の寿命を超えて生誕する今後の世代への配慮も欠落しているといわざるを得ない。

　ここまで述べてくると、放射能のなかにはプルトニウムのように半減期が２万年以上というものもあるから、それが生態系全体に及ぼす影響には計り知れないものがある。現存する人間にはとても責任を持てるものではない制御不能のものであるから、このような核については、原水爆と原発は速やかに排除すべきものといわねばならない。

　不祥事件・動植物生存域の狭隘化と気候大変動への対策については、企業資本。国等・国際機関における責任者の「生態系主主義（Eco-cracy）」、すなわち複眼の視点に立つという意識改革を重視して説明をしたが、それらの基本になるのは各自己のそのような意識改革が基本になることはいうまでもないことである。

　そして各自己の意識改革の原点では、特に欧米人にとってはIV.で述べた旧約聖書の創世記における第六日の神の言葉への盲従から目覚めることである。われわれ人間は各自が心の中に神・仏を持っている[補1]が、それらは先人が作り出した具体的な神・仏ではないのである。それ故、極楽・地獄ともに作り話ということになる。むしろ確実にあるものとしては、各自の祖先の存在であること、特に先住民の祖先から引き継がれた自然環境と継続的に共生する在り方が重要であることに思いを致すべきであろう。

　第２に、6.で述べたことに見られるように、「協同組合の社会経済的役割は、経済的社会的弱者の保護を含む経済的公正の実現（富と所得の再分配・独占の禁止・公正な競争・機会均等・経済的弱者保護）に求められる」[15]としているが、そこには次に述べる哲学に基づく自然環境の保全・保護の重要な観点が見られない。

　なお、日本での協同組合の将来は、エマヌエル・トッドが直系家族地域では地方分権型の連邦制をとることが多い[22]というように、期待することができるのではないか。

【「生態系主主義」（Eco-cracy）[23]の普及を！】

　最後に「生態系主主義」（エコクラシィ）という重要な哲学の説明を再度しておきたい。

　「当事者相互の顔の見えない関係」が引き起こす不祥事件を皆無にするには、各経済主体、特に指導的な地位にある経営者、監査役、公認会計士又は監査法人

及び証券取引所（以下**指導的経済主体**という）が、「**生態系主主義**」（Eco-cracy）のうちの人間同士の「**共生の関係**」をわきまえて経済行為を行えるようになることが必要である。

　この「生態系主主義」の普及のためには、**ソフトの公共的資本投資が必要**である。ソフトの公共的資本投資とは、公共が主として**学校教育**で、民間の指導的経済主体が入社後の**教育**を通じて、そのような「**人づくり**」のための**投資**をすることをいう。われわれは、「民主主義」と同時に「生態系主主義」をも教えなければならない時代を迎えているのである。

　このことにより、各経済主体が哲学としての「**生態系主主義**」（エコクラシィ）のうちの人間同士の「**共生の関係**」を体して経済行為をすることが可能になるようにするべきである。

　追ってここでは触れなかったが、世界的には重要な水問題も解決すべきものとして残されている。

（2023.12.10）

補注

（補1）Ⅳ.の［宗教の適応力］参照。

注

1）建部好治著『不動産価格バブルは回避できる』大阪公立大学共同出版会（日本土地環境学会学術賞受賞図書）2013.12 p.168。

2）山極寿一著『「サル化」する人間社会』集英社インターナショナル 2014.7 p.6、p.59、pp.61-62。

3）ジャレド・ダイアモンド著 倉骨彰訳『昨日までの世界』（下）日本経済新聞出版社 2013.2 pp.194-195。

4）園山英明著『奔馬と御者』資本市場研究会 2004.3 p.49。

5）擬制資本の権威者故川合一郎博士は、「これ（擬制資本）は現実には歴とした現金の受渡しによってこそ支えられている」と指摘されていた（同著（1981）『川合一郎著作集第2巻』末尾「擬制資本について」有斐閣：括弧内筆者）。このことは、擬制資本価格としての収益価格が、「正常価格」としての取引事例価格によって支えられていることを意味している。

6）鑑定評価基準委員会編著 日本不動産鑑定士協会連合会監修『要説 不動産鑑定評価基準と価格等調査ガイドライン』住宅新報社 2015.3 p.122。

7）浜田康著『会計不正』日本経済新聞社 2008.3 p.106。

8）日本経団連『企業行動憲章』http://www.keidanren.or.jp/japanese/policy/cgcb/charter.html

9）経済同友会『CSR経営』http://www.doyukai.or.jp/csr_summary.html

10）CPA用語集『国際会計士倫理基準審議会（IESBA）とは』http://www.cpa-pro.net/term/iesba.php
日本公認会計士協会は、自ら、不正が常にあることを認めて、『不正調査ガイドライン』（日本公認
会計士協会出版局編 2015.2）という図書まで出している。

11）日本取引所グループ『上場制度整備の実行計画2009』ほか http://www.tse.or.jp/listing/seibi/

12）片岡信之論文「エンロン・ワールドコム事件と株主価値経営の限界」『龍谷大学経営学論集』Vol.44
No.1（筆者がボールド体に）2004.6 pp.30-44。

13）境新一論文「企業の粉飾決算に関する事例研究」『東京家政学院大学紀要』第46号 2006。この論文
では、この事件のほか、日本長期信用銀行、フットワークエクスプレス、丸石自動車、メディア・
リンクス、ライブドアの事件が詳しく述べられている（筆者がボールド体に）。

14）NHK「クローズアップ現代」2015.7.29放映。（筆者がボールド体に）。

15）中川雄一郎・JC総研編『協同組合は「未来の創造者」になれるか』家の光協会 2014.4 p.11、p.16、p.79、
p.82、pp.97-98、p.136、p.143、p.146、p.227、p.259。

16）柄谷行人著『世界史の構造』岩波書店 2010.6 p.367。

17）日本における労働組合の組織率は、2013年現在では18%未満に至っているということである。
滝澤貴弘『組織力と役員の育成』http://www.rochokyo.gr.jp/articles/nw1401.pdf

18）賀川豊彦著『協同組合の理論と実際』コープ出版 2012.11 p.3、pp.102-104、p.151、p.156。

19）ICA（International Co-operative Alliance）は、1895年に設立された協同組合の国際組織である。
国際協同組合同盟 ja.wikipedia.org/wiki/、http://jccu.coop/about/vision/ica.html

20）国連広報センター http://www.unic.or.jp/news_press/features_backgrounders/2381/

21）JAの取り組み紹介 https://life.ja-group.jp/adgallery/petit/032111

22）鹿島茂著『エマニュエル・トッドで読み解く世界史の深層』ベスト新書 2017.5 p.52。

23）1）と同じ。 pp.18-26。

著者略歴

建部 好治 （たてべ こうじ）

1953年3月　大阪市立大学経済学部卒業

　同年4月　第一信託銀行（株）入行、その後、中央信託銀行（株）へ転出、同行大阪支店不動産部長を経て、

現　　在　（株）建部会計・不動産事務所代表取締役（公認会計士・税理士・不動産鑑定士）、大阪公立大学大学院都市経営研究科非常勤講師、元甲南大学非常勤講師、元宝塚（造形芸術）大学大学院教授（大阪市立大学博士（経済学））

所 属 学 会　日本土地環境学会（理事）、資産評価政策学会（監事）、日本不動産学会（監事）、日本環境共生学会（監事）、都市住宅学会、証券経済学会、日本土地法学会

著　　書　『不動産価格バブルは回避できる─不動産価格形成の本質を踏まえて─』大阪公立大学共同出版会（2013年－（日本土地環境学会学術賞受賞図書））、『新しい企業経営と財務』清文社（2006年）、『不動産評価の基礎理論と具体例 地価理論から継続賃料・工場財団等の評価まで』同（2003年）、『上場・非上場株式評価の基礎理論と具体例』同（2000年）、『土地価格形成論 土地・環境・公共経済学の実証・理論・政策』同（1997年─博士号授与著書）、『マンションのかしこい買い方・売り方・賃借のしかた』日本実業出版社（1984年）、『土地価格形成の理論─不動産鑑定評価の理論と実証』東洋経済新報社（1977年）、『住まいの税金相談』住宅新報社（1975年）、以上単著。

　　　　　『借地権割合と底地割合』判例タイムズ（2006年）、『不動産鑑定訴訟法〔１〕』青林書院（2002年）、『金融グローバリズム』東京大学出版会（2001年）、『震災関係訴訟法』青林書院（1998年）、『継続賃料』住宅新報社（1983年）、『地価と都市計画』学芸出版社（1983年）．『不動産金融・水資源と法』有斐閣（1978年）以上共著、ほか多数。

論　　文　「資産除去債務とゼロミッション─原発問題を含めて─」『日本土地環境学会誌』2011年10月（日本土地環境学会論文賞受賞論文）、「経済学として捉えた土地価格の本質と実証─不動産鑑定評価基準の背後にあるもの」『不動産鑑定』2004年9月〜2005年7月（日本土地環境学会奨励賞受賞論）ほか多数。

大阪公立大学出版会（OMUP）とは

本出版会は，大阪の5公立大学–大阪市立大学，大阪府立大学，大阪女子大学，大阪府立看護大学，大阪府立看護大学医療技術短期大学部–の教授を中心に2001年に設立された大阪公立大学共同出版会を母体としています．2005年に大阪府立の4大学が統合されたことにより，公立大学は大阪府立大学と大阪市立大学のみになり，2022年にその両大学が統合され，大阪公立大学となりました．これを機に，本出版会は大阪公立大学出版会（Osaka Metropolitan University Press「略称：OMUP」）と名称を改め，現在に至っています．なお，本出版会は，2006年から特定非営利活動法人（NPO）として活動しています．

About Osaka Metropolitan University Press (OMUP)

Osaka Metropolitan University Press was originally named Osaka Municipal Universities Press and was founded in 2001 by professors from Osaka City University, Osaka Prefecture University, Osaka Women's University, Osaka Prefectural College of Nursing, and Osaka Prefectural Medical Technology College. Four of these universities later merged in 2005, and a further merger with Osaka City University in 2022 resulted in the newly-established Osaka Metropolitan University. On this occasion, Osaka Municipal Universities Press was renamed to Osaka Metropolitan University Press (OMUP). OMUP has been recognized as a Non-Profit Organization (NPO) since 2006.

新しい哲学による資本主義の諸問題の解決を
—資本主義の矛盾拡大と自然環境の負荷増大への対策—

2024年6月2日　初版第1刷発行

著　者　　建部　好治

発行者　　八木　孝司

発行所　　大阪公立大学出版会（OMUP）
　　　　　〒599-8531 大阪府堺市中区学園町1-1
　　　　　大阪公立大学内
　　　　　TEL　072（251）6533
　　　　　FAX　072（254）9539

印刷所　　株式会社 遊 文 舎